Die letzte Fahrt

Eigel Wiese

**Die letzte Fahrt
Schiffskatastrophen auf Elbe, Nord- und Ostsee**

Dieses Buch ist den Menschen gewidmet, die auf See geblieben sind. Den Seeleuten, Auswanderern, Passagieren und nicht zuletzt den Seenotrettern, die oft genug ihr Leben lassen mussten, während sie versuchten, anderen zu helfen.

Es soll aber auch an die Angehörigen erinnern, die im Ungewissen blieben und manchmal nie erfuhren, was draußen auf See geschehen war.

INHALT

Vorwort 8

Nordsee
Alliance 12
Johanne 20
Cimbria 26
Caroline 34
Four Winds und Falls of Foyers 40
Vegesack 46
Paul 54
Lenna 62

Irene Oldendorff   68
Petra   74
Elbe 1   84
Maipu   92
Adolph Bermpohl   100
Seki Rolette   108
Pallas   114

Elbe
Großer Vogelsand   126
Die „Schiffsauffliegung" von Neumühlen   138
Athabasca   144
Primus   150
Polstjernan   158
Marianne   166
Wiedau und Uwe   174

Ostsee
Niobe   182
Habicht   188
Ein dänischer Schoner   196
Elvi   202
Wilhelm Gustloff   208
Segelzeichen GO 439   220
Rex   226
Janne   232
Ein namenloser Schoner   240
Marida   246
Oberon   252

Glossar der seemännischen Fachbegriffe   256
Literatur- und Bildnachweis   262
Impressum   266

Vorwort

Schiffe sind mehr als ein Transportmittel. Schiffe sind auch Symbole für Wagnis, Hoffnung, Fernweh. Der Untergang eines Schiffes scheint Menschen mehr zu berühren als manch anderes Unglück. Denn es steht symbolisch für eine gescheiterte Hoffnung.

Vor diesem Hintergrund sind die statistisch nüchternen Zahlen erschreckend. Auf dem Grund der Ostsee und an ihren Stränden vermuten Historiker rund 10.000 Wracks, die dort bis zum Beginn des 20. Jahrhunderts versunken sind. In der Nordsee sollen es allein in der Deutschen Bucht weitere 3000 bis 4000 sein.

Jedes dieser Wracks steht für ein Scheitern, für eine Vielzahl menschlicher Schicksale, zu denen eine glückliche Rettung ebenso gehört, wie manch klägliches Ende, jedes für sich unter oft dramatischen Umständen.

Die See fordert ihre Opfer und regte schon im Mittelalter Künstler an

Schiffe scheitern, seit es Schiffe gibt. Als Unfälle dokumentiert werden sie aber erst seit dem 19. Jahrhundert. So findet sich zwar manches Wrack eines alten Handelsschiffes, doch über die Umstände seines Unglücks wissen wir so gut wie gar nichts.

Wonach aber sollte man dokumentierte Schiffsschicksale auswählen? Ich habe mich für die folgenden Kriterien entschieden:
Havarien, die das Denken der Menschen verändert haben.
Havarien, die für eine bestimmte Zeit stehen.
Havarien, deren Folgen als Wracks auch heute noch für jedermann sichtbar sind.
Havarien, die zu ihrer Zeit – und manchmal darüberhinaus – eine Sensation waren.

Über eine eigene Ausbildung im Seenotrettungswesen, über Kontakte zu freiwilligen Rettungsmännern an Stationen der Deutschen Gesellschaft zur Rettung Schiffbrüchiger (DGzRS), zu Besatzungen auf Seenotkreuzern und in Hubschraubern habe ich viel über das Rettungswesen erfahren und großen Respekt vor jenen, die dort tätig sind. Aus diesen Quellen habe ich manche Anregung für dieses Buch bekommen. Aber auch die maritime Szene an der Nord- und Ostseeküste und nicht zuletzt Gespräche im Blankeneser Segel-Club haben viel zum Entstehen beigetragen.

Allen einen herzlichen Dank!

Eigel Wiese

ALLIANCE
IHRE STRANDUNG RÜTTELTE DIE MENSCHEN AN DER KÜSTE AUF
1860

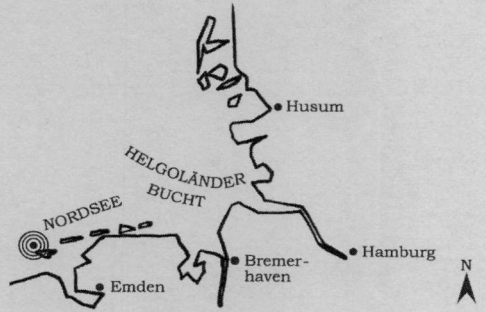

Unaufhörlich rollte am Morgen des 10. September 1860 von Westen her eine Brandungswelle nach der anderen aus der Nordsee auf die Insel Borkum zu. Ein kräftiger Sturm peitschte sie immer wieder neu auf. Mit weißem Schaum brachen sich die Wellen am vorgelagerten Borkumriff. Bei auflandigem Wind, und der herrscht dort fast immer, entsteht an jener Stelle höherer Seegang als irgendwo anders vor den Ostfriesischen Inseln. Mitten in diesem weiß schäumenden Inferno spielte sich ein Drama ab. Eine Brigg, der typische zweimastige und rahgetakelte Handelssegler jener Zeit, war auf die Untiefe geraten. Mit eigener Kraft konnte sie sich nicht mehr befreien.

Verzweifelt waren neun Männer ins Rigg ihres Schiffes geklettert, klammerten sich an den Wanten fest, standen auf den Fußpferden, jenen Leinen, auf denen sie sonst beim Bergen der Segel Halt fanden, oder saßen rittlings auf den Rahen. Sie schrien und winkten zum Ufer hinüber, konnten dort auch Menschen erkennen, die zu ihnen herübersahen. Doch auf Hilfe warteten sie vergeblich.

Der Untergang der „Alliance" führte zu großen Reformen im Rettungswesen
Adolph Bermpohl forderte ein einheitliches Rettungssystem an Deutschlands Küsten
Georg Breusing gründete einen ostfriesischen Verein zur Rettung Schiffbrüchiger
Dr. Arwed Emminghaus regte den Zusammenschluss der regionalen Vereine an

Das Schiff war offensichtlich die Nacht durchgesegelt, es hatte möglicherweise Emden durch die Westerems ansteuern wollen. Die Insel Borkum war nachts zwar gut auszumachen, denn schon seit 1817 gab es einen 40 Meter hohen Leuchtturm, der 1857 wegen der besseren Sichtbarkeit sogar eine für die damalige Zeit moderne Speziallinse zur Lichtbündelung erhalten hatte. Das Licht war jedoch trotz allem damals nur sechs Seemeilen weit zu sehen, bei Dunst noch weniger. Bei stark auflandigem Wind reichte das manchmal nicht mehr, um sich von der Küste freizukreuzen, noch dazu, wenn auch Wellen und Meeresströmungen das Schiff auf das Land zudrückten. Legerwall nennen Seeleute diese gefährliche Situation, aus der man sich oft nicht mehr freikreuzen kann und die an der Nordseeküste immer wieder vorkommt.

Am Westende Borkums stand an diesem frühen Morgen eine Gruppe Fischer und starrte zu dem Havaristen herüber – tatenlos. Ein ehemaliger Kapitän, der die Spätsommertage als Feriengast auf der Insel verbrachte, versuchte sie aufzurütteln und zu einer Rettungsfahrt zu bewegen, um die verzweifelten Männer abzubergen. Er warf den Fischern vor, sie würden sich an Gott versündigen, wenn sie nichts unternähmen. Doch die meisten von ihnen zeigten mit keiner Miene, dass sie die Worte überhaupt gehört hatten. Nur einer drehte sich halb herum, sah den Kapitän an und sagte: „Die See geht viel zu hoch, ein Boot kommt gar nicht an das Wrack heran." Dann machte er sich daran, das mittlerweile angeschwemmte Deckshaus zu untersuchen.

Ein junger Mann, der erst vor kurzem vom Festland auf die Insel gezogen war, wollte sich eine Leine um den Leib binden und versuchen, so zu dem Wrack vorzudringen. Die Leine könnte man dann am Wrack befestigen und die Seeleute hätten einen Halt, an dem sie sich ans Ufer ziehen könnten. Doch die Fischer hinderten ihn daran. „Zwischen dem Strand und dem Wrack ist kein ebener Boden, du wirst ertrinken!" riefen sie ihm zu und hielten ihn zurück.

Die schwere Brandung begann ihr Zerstörungswerk. Zuerst rissen Brecher Planken von der Außenhaut, nachdem sie zuvor schon – wie gesagt – ein gesamtes Deckshaus aus seiner Verankerung gerissen und über Bord gespült hatten. Beides wurde ans Ufer geschwemmt, dazwischen hölzerne Fässer, erste Teile der Ladung. Die Fischer eilten ins flache Wasser, um zu bergen, was sie noch gebrauchen konnten. Das brachte ihnen später den Vorwurf ein, sie seien mehr am Strandgut als an den Menschenleben interessiert gewesen.

Unterdessen fanden die Masten in dem immer weiter zerschlagenen Rumpf keinen Halt mehr, sie neigten sich auf die Seite. Die Rufe der Männer wurden immer kraftloser, immer leiser. Als die Masten in die See stürzten, gab es noch einen Aufschrei, dann verstummten sie ganz. Die See schwemmte die Reste des Schiffes an Land. Darunter auch ein geschnitztes Namensschild, auf dem der Name „Alliance" stand. Vermutlich handelte es sich um die Brigg „Alliance" aus Elsfleth an der Weser, die 1843 gebaut worden war und unter oldenburgischer Flagge als Robbenfänger fuhr. Genau ließ sich das allerdings nicht mehr feststellen, denn niemand von der Mannschaft hatte überlebt.

Die Borkumer Fischer gingen danach weiter ihrem Alltag nach, die Strände ihrer Insel hatten schon viele gescheiterte Schiffe erlebt. Man warf ihnen später immer wieder vor, sie hätten die Menschen bewusst ertrinken lassen, um sich das Strandgut, die Ladung des gescheiterten Schiffes, zu sichern. Und so wird es bis heute ständig wiederholt. War es aber wirklich so? Hätten die Fischer überhaupt eine Chance gehabt, mit ihren Booten an den Havaristen heranzukommen und die Schiffbrüchigen anzubergen? Das Borkumriff liegt an der Nordwestecke der Insel, es verändert ständig seine Lage. Riesige Sandmengen werden von der Nordseeströmung und besonders bei Sturm verlagert, auch heute noch. 1998 beobachtete man eine Sandplatte, deren Höhe zwischen zehn und zwölf Metern schwankte, die durch das Fahrwasser des Hubertgat nach Norden wanderte. Und auch heute noch können Seekarten manchmal gar nicht so schnell berichtigt werden, wie sich die Situation verändert.

Die Fischer wussten sicherlich um die unberechenbare Nordwestecke ihrer Insel und mieden sie. Deshalb aber kannten sie wahrscheinlich die Gewässer unmittelbar vor dem Borkumriff nur sehr ungenau. Die Schwere der dort anrollenden Brecher aber konnten sie sicherlich auch von Land aus einschätzen. So mussten sie befürchten, nicht nur ihr Leben zu riskieren, sondern auch ihre Boote, mit denen sie ihren Lebensunterhalt verdienten. Rettung aus der Brandung war auch in späteren Jahrzehnten einer der schwierigsten Einsätze für Seenotretter. Generationenlang wurden Ideen entwickelt, wie man Menschen aus dieser Lebensgefahr bergen könnte, ohne das eigene Leben zu riskieren. Dazu gehörten beispielsweise Mörserkugeln und Raketen, die Leinen über gestrandete Schiffe schossen. Die einzig wirklich schnelle Hilfe bringen heute Rettungshubschrauber.

Den Augenzeugen und Badegast ließ das Erlebnis auf der Insel Borkum nicht mehr los. Am 30. September desselben Jahres veröffentlichte er sein Erlebnis in der „Weserzeitung", wobei er die Untägigkeit der Fischer scharf verurteilte. Sein Bericht war nicht namentlich gekennzeichnet, so ist heute nicht mehr bekannt, wie der Augenzeuge des Scheiterns der Brigg „Alliance" hieß. Sein sehr engagiert geschriebener Bericht aber zog Kreise.

Schon am 3. Oktober 1860 veröffentlichte der Navigationslehrer Adolph Bermpohl von der Seefahrtsschule zu Vegesack in der „Vegesacker Wochenschrift" einen Aufsatz, der sich mit dem Schicksal der „Alliance" befasste und es als eine Schande für ganz Deutschland bezeichnete. Zum Schluss forderte er, an den Küsten ein einheitliches Rettungswerk nach holländischem und englischem

Vorbild aufzubauen. Bermpohl gab sich mit diesem einen Aufsatz nicht zufrieden. In kurzer Folge erschienen von ihm weitere Schriften, die immer mit der gleichen Schlussfolgerung endeten: Deutschland benötige endlich eine nationale Rettungsgesellschaft.

Seine Aufrufe wurden aufgenommen. Im März gründete der Oberzollinspektor von Emden, Georg Breusing, einen ostfriesischen Verein zur Rettung Schiffbrüchiger. Zwischen 1863 und 1865 folgten weitere Vereinsgründungen in Bremen, Hamburg, Kiel, Rostock, Lübeck und Danzig.

Doch solche vereinzelt tätigen Rettungsvereine hatten ihre Nachteile: Sie konnten wenig Geld für die Entwicklung und den Bau neuer Rettungsgeräte ausgeben. Das erkannte auch Dr. Arwed Emminghaus, ein Redakteur vom „Bremer Handelsblatt". Er rief zu einem Zusammenschluss aller Vereine auf, der am 29. Mai 1865 in Kiel zur Gründung der „Deutschen Gesellschaft zur Rettung Schiffbrüchiger" führte. Die Gesellschaft übernahm die Aufgabe des Rettungswesens an den deutschen Küsten und übt sie bis heute aus. Sie finanziert sich ausschließlich aus Spenden und nicht aus Steuergeldern. Die Strandung der Brigg „Alliance" und der Tod von neun Seeleuten waren Anlass für den Beginn einer Rettungsorganisation vor den deutschen Küsten, die vielen Menschen das Leben gerettet hat.

~

Ein Riff ist in den Vorstellungen vieler Menschen ein scharfer Fels kurz unter der Wasseroberfläche oder eine Ansiedlung von Korallen. Doch an der deutschen Küste wird als Riff oder Reff auch eine flache Sandbank beschrieben. Das Borkumriff nordwestlich der gleichnamigen Insel teilt die Emsmündung. Bei normalem Wasserstand ist es an den Schaumkronen der sich dort brechenden Wellen deutlich zu erkennen. Bei Sturm aber, wenn fast alle Wellen Schaumköpfe tragen, ist die Untiefe, die noch dazu wie oben beschrieben ihre Lage verändern kann, nicht mehr zu erkennen. Als Warnung vor der Untiefe wurde 1875 das Feuerschiff „Borkumriff" ausgelegt. 1956 ließ Deutschlands jüngster Feuerschiffsneubau ebenfalls auf dieser Position seine Anker fallen. Es war zugleich das letzte bemannte deutsche Feuerschiff. 1988 wurde es eingezogen und von einer unbemannten Leuchttonne ersetzt.

JOHANNE
DIE AUSWANDERUNG ENDETE MIT DEM TOD IN DER
BRANDUNG
1854

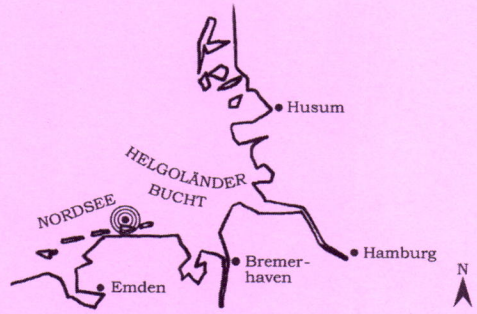

Die meisten Menschen, die Anfang November 1854 in Bremen an Bord der Bark „Johanne" gingen, hatten das Meer noch nie zuvor gesehen. Sie stammten aus dem Binnenland und waren mit ihrem Hab und Gut an die Weser gereist, um an Bord eines Auswandererschiffes zu gehen und drüben über dem Nordatlantik, in der Neuen Welt, eine neue Chance zu suchen. Ihre alte Heimat konnte sie nicht mehr ernähren. Entsprechend unsicher war ihr Verhalten an Bord. Sie hatten Schwierigkeiten, sich in der engen und ungewohnten Umgebung zurechtzufinden.

Mit fast 200 Männern, Frauen und Kindern an Bord legte die „Johanne" am 6. November in Bremen ab und segelte weserabwärts. Es wehte ein kräftiger Westwind, der das Schiff mit dem ablaufenden Wasser der Tide gut voranbrachte.

Kapitän Oldejans hatte keine Möglichkeiten, sich schon auf dem Fluss über die Wetterlage in der Nordsee oder die Windentwicklung der nächsten Tage zu informieren. Semaphore an den Mündungen

Einschiffen auf einem Auswandererschiff

Die Situation in der 3. Klasse, wie sie auch auf der „Johanne" gewesen sein könnte

von Weser und Elbe, die auslaufenden Schiffen signalisierten, wie stark und aus welchen Richtungen der Wind vor Borkum und Helgoland wehte, wurden erst später aufgebaut. So musste er sich allein auf seine Erfahrung, sein seemännisches Können und die Stärke seines noch neuen Schiffes verlassen.

Der Wind drehte weiter auf Nordwest, nahm an Stärke zu, wirkte aber noch nicht so bedrohlich, dass die „Johanne" in den Häfen der Unterweser Schutz gesucht hätte. Deshalb passierte die Bark auch Geestemünde und seine Weserkais, das heutige Bremerhaven, und steuerte auf die offene Nordsee zu. Zwischen den Sänden der Wesermündung fand sie noch ein wenig Schutz vor den Wellen der Nordsee. Wie es draußen wirklich aussah, spürten die Passagiere in ihren engen Massenunterkünften unter Deck erst, als die „Johanne" freies Wasser erreicht hatte und Kapitän Oldejans Kurs nach Westen nehmen lassen konnte. Die von Nordwesten heranrollenden Wellen hoben das Schiff an und ließen es wieder in das nächste Wellental fallen. Die seeungewohnten Auswanderer wurden seekrank, sie lagen nur noch teilnahmslos in ihren Kojen. Gestank von Erbrochenem verbreitete sich unter Deck und ließ auch jene seekrank werden, denen die Bewegungen des Schiffes bisher wenig ausgemacht hatten. An Deck jedoch konnten sie nicht gehen, denn dort wuschen ständig neue Wellen über die Planken und die Mannschaft der „Johanne" arbeitete fieberhaft daran, immer weitere Segel zu bergen, um das Schiff noch halten zu können und den Druck auf das Rigg zu vermindern. Andererseits durften sie nicht zu viele Segel wegnehmen, dann hätte die „Johanne" nicht mehr genügend Vortrieb, um sich von der Küste freizusegeln.

Der Wind nahm an Stärke zu, Sturmböen packten die Bark. Sie steigerten sich bis zum Orkan.

Noch immer hatte das Schiff nicht genügend freien Seeraum für seine Manöver erreicht. Die Insel Wangerooge war zwar passiert, aber gegen den auflandigen Wind konnte die „Johanne" sich nicht von der Küste freikreuzen.

Hinter einer besonders hohen Welle fiel die „Johanne" in ein tiefes Wellental. Ein beängstigendes Krachen ging durch das Schiff, es hatte den Meeresgrund berührt, bevor es von der nächsten Welle wieder nach oben gerissen wurde.

Kapitän Oldejans schickte einen Mann in die Laderäume, um Schäden festzustellen. Er kam mit der Meldung zurück, es sei Wasser ins Schiff eingedrungen und würde schnell steigen. Wäre es langsamer gestiegen, hätte die Mannschaft noch versucht, das Leck mit Bordmitteln abzudichten. Das war eine für jeden erfahrenen Seemann vertraute Arbeit. Doch das Wasser stieg so schnell, dass Kapitän Oldejans vor einer schweren Entscheidung stand. Die „Johanne" lief Gefahr, mit all ihren Auswanderern vor der Küste unterzugehen. Er konnte nur noch versuchen, das Schiff auf die flachen Sände vor den Ostfriesischen Inseln zu steuern, es dort aufzusetzen und das Ende des Sturms abzuwarten. Dann könnte man versuchen, die Passagiere zu retten.

Oldejans gab das Kommando „Hart Backbord!" Die „Johanne" steuerte direkt auf die Küste zu. Weitere Grundseen ließen das Schiff mehrmals aufsetzen, dann saß es vor der Insel Spiekeroog endgültig fest.

An eine Rettung von Passagieren und Besatzung aber war in diesem Moment noch nicht zu denken. Überkommende Seen hatten längst die Rettungsboote aus ihren Davits gerissen. Und von Land war zu diesem Zeitpunkt kaum Hilfe zu erwarten, das Wasser war zu flach, um mit Booten an den Havaristen heranzurudern. Das konnte frühestens in drei Stunden mit der auflaufenden Flut geschehen. Andere Rettungsgeräte, wie etwa Leinenraketen, gab es zu jener Zeit noch nicht. So blieb nur die Hoffnung, die „Johanne" möge bis zum Nachlassen des Sturms nicht auseinanderbrechen.

Verängstigt flüchteten einige Auswanderer aus ihrem durchnässten Zwischendeck, sie trauten sich an Deck und sahen in das brandende Inferno. Schon bei ihrer ersten Begegnung mit dem Meer hatte es sich von seiner schrecklichsten Seite gezeigt. Erste Menschen wurden von den Wellen mit über Bord gerissen, aber unter Deck fanden sie auch keinen Schutz mehr. Dort schwammen Fässer und Kisten, sie zerschmetterten alles, was sich ihnen in den Weg stellte. Rahen kamen von oben und erschlugen Menschen an Deck. Die Mutigsten versuchten sich an Bretter oder Kisten zu klammern, in der Hoffnung, so noch das rettende Ufer zu erreichen. Die „Johanne" jedenfalls hielt den Gewalten der See nicht stand. Planke nach Planke riss aus dem Rumpf, die Masten hatten keinen Halt mehr und stürzten in die See, mitten zwischen Menschen, die im Wasser um ihr Leben kämpften.

Als der Sturm nachließ, hatte die See 84 Menschen geholt. Die Überlebenden waren all ihrer Habe beraubt, Kinder zu Waisen geworden, und Ehepartner hatten einander verloren.
In den Dünen am Strand von Spiekeroog errichteten die Inselbewohner ein Denkmal für die Opfer der „Johanne". Es ist ein schwarzes Kreuz, darüber hängt die Ankerkette der „Johanne", der Anker selbst liegt über der gusseisernen Platte, die an das Unglück vom 6. November 1854 erinnert.

~

Auswandererschiffe waren bis auf den letzten Platz belegt. In Zwischendecks mit geringer Höhe lebten Männer, Frauen und Kinder auf engstem Raum nebeneinander, nur selten kamen sie an die frische Luft. Verunglückten Auswandererschiffe, dann waren unter diesen Umständen besonders hohe Zahlen an Opfern zu beklagen.

Cimbria
Im Nebel von einem Dampfer gerammt
1883

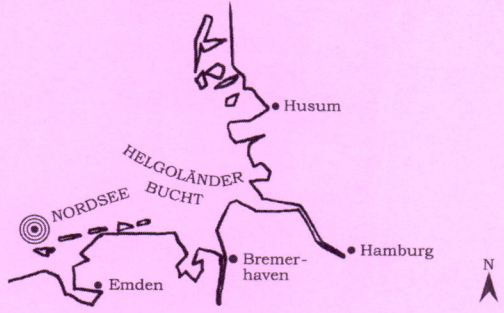

Die Ausreise der „Cimbria" von Hamburg nach New York schien von Anfang an unter keinem guten Stern zu stehen. Dabei war eigentlich alles Routine. Im Hamburger Hafen hatte der Dampfer neben der Ladung für Nordamerika auch einige hundert Auswanderer an den eigens dafür vorgesehenen Hallen auf der Veddel übernommen, wie schon so oft davor. Zusammen mit der Mannschaft waren 502 Menschen an Bord. Der gut 100 Meter lange Dampfer der Hamburger Reederei Hapag war ein solides Schiff, von einer renommierten englischen Werft gebaut und mit einer gut ausgebildeten Mannschaft besetzt, wie es den Ansprüchen des Unternehmens entsprach. Das Schiff hatte neben seiner Dampfmaschine – wie zu jener Zeit üblich – noch eine Rahbesegelung an zwei Masten. Schon mehr als 70 Mal war es zwischen Hamburg und New York gependelt. Ohne Zwischenfälle.

Doch dieser 18. Januar 1883 war anders. Für die Jahreszeit war es zu warm, dichter Nebel hüllte den Hamburger Hafen und die

Damalige Zeitungen berichteten in großer Aufmachung über das Unglück
Der Steven der „Sultan" bohrte sich in die „Cimbria"

Elbe ein. Der Lotse hatte Bedenken, bei so schlechter Sicht auszulaufen. Aber er war nur Berater des Kapitäns und hatte nicht das Kommando. So gab Kapitän Julius Hansen den Befehl zum Ablegen. Immerhin hatte er schon alle Passagiere an Bord, die beengt im Zwischendeck lebten und für die jede Verzögerung eine Zumutung war.

Die Sicht reichte von der Brücke aus kaum über den Steven voraus, aber der Kapitän der „Cimbria" hatte den Ausguck doppelt besetzen lassen. Schon nach wenigen Stunden Fahrt, noch auf der Elbe, konnte er eine Kollision nur verhindern, weil er gerade noch im letzten Augenblick den Anker fallen ließ. Da sich die Sicht nicht verbesserte, blieb das Schiff einige Stunden vor Anker liegen. Obgleich der Nebel sich noch immer nicht verflüchtigt und sich außerdem noch Dunkelheit über die Elbe gesenkt hatte, ließ Kapitän Hansen den Anker gegen 18 Uhr wieder aufnehmen und die Fahrt langsam fortsetzen. So schlich die „Cimbria" die Nacht durch bis zur Elbmündung. Dort setzte das Schiff auf einem der Sände auf, allerdings ohne beschädigt zu werden. Aber es musste so lange liegen bleiben, bis es beim nächsten Hochwasser einige Stunden später wieder freikam.

Endlich erreichte der Dampfer die freie Nordsee. Der Lotse ging von Bord und die „Cimbria" steuerte parallel zu den ostfriesischen Inseln in Richtung englischer Kanal. Es war noch immer neblig.

Gegen zwei Uhr nachts, das Schiff stand vor Borkum, meldete der Ausguck, er habe Positionslichter eines Schiffes gesehen. Kaum hatte die Meldung die Brücke erreicht, da krachte auch schon der Steven des englischen Dampfers „Sultan" in das Vorschiff der „Cimbria" und riss deren Rumpf unter der Wasserlinie bis hinter das Kollisionsschott auf.

„Der Stoß, welcher die ‚Cimbria' an der Backbordseite traf, war ein so gewaltiger, dass das festgebaute Schiff barst und sich alsbald auf die Seite zu neigen begann," berichtete später ein Überlebender.

Das einströmende Wasser überraschte die Passagiere im Schlaf, im dunklen Zwischendeck tasteten sie orientierungslos umher, verzweifelt versuchten sie an Deck zu kommen. Die Besatzung machte die Rettungsboote klar, doch bei der zunehmenden Schlagseite ließen sich viele schon gar nicht mehr abfieren. Zwei Boote, die schon im Wasser waren, kenterten. Andere Boote, in denen bereits Frauen und Kinder saßen, schafften es nicht mehr ins Wasser gelassen zu werden und gingen mit der „Cimbria" unter, als sie mit einem Gurgeln von der Wasseroberfläche verschwand. Die Menschen, die im eiskalten Wasser der Nordsee trieben, hatten keine Chance.

„Die Offiziere thaten alles, alles, was irgend geschehen konnte, um die an Bord befindlichen Menschen zu retten. Schwimmgürtel wurden vertheilt und der Befehl gegeben, die Boote herabzulassen; doch gelang es nur drei derselben klarzumachen, da das Schiff zu schnell sank. Kaum waren die Boote besetzt, als eines derselben, wohl wegen Überfüllung, umschlug, sodaß die Insassen ins Meer geschleudert wurden. Als der Zweite Offizier noch mit dem Loshauen der Bänke auf Deck beschäftigt war, um möglichst viel treibendes Holz zu beschaffen, sank das Schiff unter ihm – kaum 15 Minuten nach dem Zusammenstoß," schrieb die „Illustrierte Zeitung".

39 Menschen hatten sich in ein Boot gerettet, das auf der Nordsee trieb und in der Dunkelheit verschwand. Es wurde jedoch trotz der schlechten Sicht von der Besatzung der britischen Bark „Theta" entdeckt. Sie nahm die Insassen auf.
Einige Besatzungsmitglieder waren in die Takelage geflüchtet, klammerten sich dort fest und warteten die ganze Nacht über auf Rettung. Die Besatzung der Bark „Diamant" barg am nächsten Morgen 17 Überlebende halb erfroren ab und brachte sie zur ärztlichen Versorgung an Land. Von den 401 Passagieren und 91 Besatzungsmitgliedern hatten nur 46 Passagiere und neun Besatzungsmitglieder das Unglück überlebt.

Der Kollisionsgegner „Sultan" der Hull-Hamburg-Linie, der unter dem Kommando von Kapitän James Cuttill die Elbe angesteuert hatte, war zwar im Vorschiffsbereich erheblich beschädigt worden. Da das vordere Kollisionsschott aber standhielt, blieb das Schiff schwimmfähig. Das Verhalten des Kapitäns ist später schwer gerügt worden. Denn obwohl die Besatzung des englischen Dampfers die Hilfeschreie von der „Cimbria" hören konnte, leitete sie keine Rettungsversuche ein. Sein Schiff verschwand aus den Augen der Schiffbrüchigen in Nacht und Nebel. Später behauptete Cuttill, er hätte Boote ausgesetzt, doch er hatte keinen einzigen geretteten Schiffbrüchigen nach Hamburg gebracht, was an seiner Glaubwürdigkeit zweifeln ließ.

~

1974 wurde das Wrack der „Cimbria" von einem Vermessungsschiff des Bundesamtes für Seeschifffahrt und Hydrographie 19 Seemeilen nordwestlich vor der Insel Borkum in 25 Meter Tiefe entdeckt.

2001 senkte die Sea Explorer AG des bekannten Bergungsunternehmers Klaus Keppler am Wrack die Stützen einer Arbeitsplattform ab, auf der Taucher lebten und so unter Wasser bei schwierigen Strömungsverhältnissen und einer Sichtweite von nur ein bis zwei Meter arbeiten konnten, ohne jeden Tag die weite Anreise von Borkum auf sich nehmen zu müssen. Zugleich kreuzte um das Wrack das Medien- und Forschungsschiff „Aldebaran", um die Bergung, die zu den interessantesten vor der deutschen Küste gehörte, zu dokumentieren. Keppler hatte von Hapag-Lloyd die Bergungsrechte für die „Cimbria" erworben. Er ist seit über 30 Jahren professioneller Bergungsunternehmer und Schatzsucher. So barg er unter anderem im Jahr 1997 das kostbare „Intan-Wrack", aus dem Jahre 960 v.Chr., im Südchinesischen Meer. Zwei Jahre darauf entdeckte er den Luxusliner „Prins Frederik", der im Jahre 1886 in der Biskaya gesunken war und ortete 2001 das Schiff „Kapitän Morgan" vor der haitianischen Insel „Ile La vache".

Das Team barg von der „Cimbria" Weinflaschen und bemaltes Porzellan.

Die „Cimbria" hatte zwar Querschotten, die ein schnelles Sinken des Schiffes verhindern sollten. Doch sie waren – ähnlich wie bei der „Titanic" – nicht bis zum Hauptdeck hochgezogen. So konnten bei der schweren Kollision doch mehrere Abteilungen voll Wasser laufen und das Schiff sank.

~

An Bord der „Cimbria" waren die Geschwister Katinka, Auguste und Georg Rommer aus Biberach an der Riß. Sie hatten in ihrer Heimat als die „Schwäbischen Nachtigallen" eine kleine Karriere gemacht und wollten nun auf Tournee durch Amerika gehen, um großes Geld zu verdienen. Sie reisten in einer Kajüte zweiter Klasse, hatten sich die Überfahrt also mehr kosten lassen als die Auswanderer. Alle drei ertranken.

~

Dampfschiffe brachten für Auswanderer eine Erleichterung ihrer Lebensumstände. Zwar waren die Passagen im Zwischendeck von Dampfern teurer als auf Segelschiffen, aber die Reisen dauerten mit zehn bis vierzehn Tagen auch nur noch ein Viertel bis zu einem Drittel der Zeiten auf einem Segelschiff. Auf Dampfern waren die hygienischen Einrichtungen und die Küche besser. Todesfälle, wie sie auf Segelschiffen aufgrund von Skorbut oder Seuchen vorkamen, gehörten auf Dampfern der Vergangenheit an. Zwar versuchten Auswanderersegler sich mit niedrigen Preisen gegen die Konkurrenz zu wehren, doch den Schiffen eilte ein schrecklicher Ruf voraus, so dass immer öfter Passagiere lieber mehr Geld ausgaben, um eine Passage auf einem Dampfer zu erhalten. 1879 verließ daher zum letzten Mal ein Auswanderersegler den Hamburger Hafen.

Caroline
War es Brandstiftung?
1886

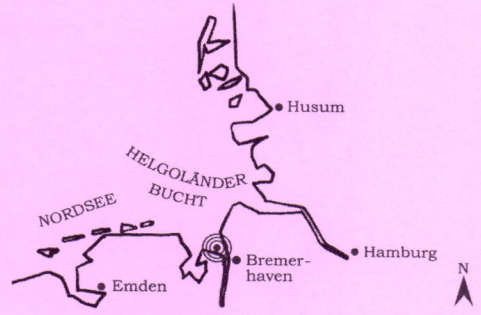

Nachts, es war etwa ein Uhr, wurde der Schiffsjunge des Stralsunder Schoners „Caroline" wach, weil ihm Brandgeruch aus dem Vorluk in die Nase stieg. Der Junge zögerte keinen Augenblick, wusste er doch, dass die „Caroline" gerade am Vortag, dem 9. September 1886, im Kaiserhafen von Bremerhaven 945 Fässer Petroleum geladen hatte. Sie waren, wie schon bei so vielen Fahrten zuvor, für die Ostseehäfen Rostock, Memel und auch für den Heimathafen des Schoners bestimmt. Viele Stralsunder Schiffer lebten in jenen Jahren vom Transport des flüssigen Brennstoffs, den Seeleute wegen der Kanister, in denen er transportiert wurde, auch als Kistenöl bezeichneten. Nach Übernahme der Ladung gegen Abend hatte die „Caroline" nicht gleich die Segel gesetzt, sondern ersteinmal auf der Reede in der Außenweser ihren Anker fallen lassen. Das kleine Beiboot hatte die Mannschaft vorsorglich, wie aus Sicherheitsgründen beim Ankern mit Ölladung üblich, zu Wasser gelassen.

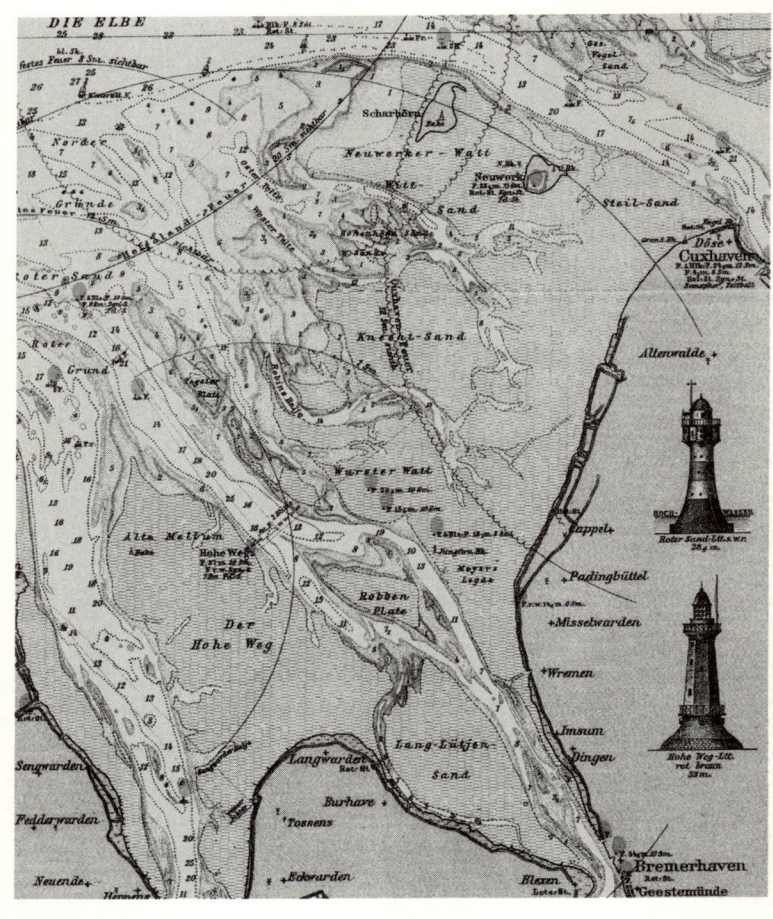

Die Seekarte zeigt die Situation im Mündungsgebiet von Elbe, Weser und Jade

Der Schiffsjunge rannte zuerst in das Volkslogis, in dem das Schiffsvolk, wie die Mannschaft damals bezeichnet wurde, schlief. Dann weckte er auch den Schiffer. Den Männern blieb nicht viel Zeit ins Boot zu steigen. Kaum hatten sie dessen Leine losgeworfen, da brannte der Schoner schon lichterloh. Von dem Lotsenschoner „Nordsee" aus, der in der Außenweser kreuzte, sah man den Flammenschein, segelte näher und entdeckte die Mannschaft in ihrem Beiboot. Sie konnten alle Männer retten. Nur der Schoner „Caroline" ging total verloren.

Das kleine Segelschiff war beim Schiffsversicherungsverein zu Stralsund mit 14.470 Mark versichert. Eigner und Schiffer Hermann David Behn aus Breege auf Rügen schien also beim Verlust seines Schiffes noch glimpflich davongekommen zu sein.

Doch bevor die Versicherung zahlte, musste der Fall vor dem zuständigen Seeamt in Stralsund verhandelt werden. Dabei bestätigte der Kapitän die Aussagen seiner Mannschaft, er sei in jener Nacht noch lange an Deck gewesen. Als Grund nannte er: „Es war in der Kajüte so viel Hitze und Dunst ..."

Nachweisen konnte das Seeamt ihm nichts. Es war aber der gleichen Meinung wie der zuständige Reichskommissar – irgendetwas war faul an der Tatsache, dass innerhalb kurzer Zeit nun schon drei Stralsunder Schiffe, die Petroleum transportierten, aus ungeklärter Ursache in Flammen aufgegangen waren. Zuerst hatte es die Galeasse „Minna" getroffen, dann die Brigg „Fortuna" und nun eben die „Caroline". Auffälligerweise stand die Winterpause, in der die Schifffahrt ruhte, unmittelbar bevor.

Am 15. Oktober 1886 verließ die Stralsunder Galeasse „Hermine" mit 430 Petroleumfässern an Bord Bremerhaven mit Kurs Helsingborg. Sie ankerte bei stürmischem nördlichem Wind bei Nordjord unterhalb der norwegischen Küste. Nach dem Abendessen löschte der Koch das Feuer in der Kombüse so sorgfältig, wie es auf einem

Schiff mit feuergefährlicher Ladung geraten schien. Die Nacht in der rauen See verlief unruhig. Gegen Morgen fiel dem Bestmann, den man auf größeren Schiffen Erster Offizier nannte, Brandgeruch auf. Schnell alarmierte er alle Männer, sie machten das Beiboot klar und konnten sich alle in Sicherheit bringen. Der Küstenklatsch fand neue Nahrung

Vor dem Stralsunder Seeamt vermutete der Schiffer, es habe sich um Selbstentzündung gehandelt. Der Sachverständige aber mochte sich dieser Meinung nicht anschließen. Und so kam das Seeamt zu folgendem Spruch: „Die seetüchtige Galeasse war zu 10.440 Mark versichert. Bei den bekanntlich ungünstigen Erwerbsverhältnissen lässt sich behaupten, dass dem Schiffer das Aufbrennen seines versicherten Schiffes nicht gerade unerwünscht gewesen sein wird. Die Beweise reichen aber nicht aus, um den bislang unbescholtenen Schiffer zu verurteilen."

Mit den „bekanntlich ungünstigen Erwerbsverhältnissen" meinte der Vorsitzende des Seeamtes eine wirtschaftliche Entwicklung, die in den Häfen an der Ostseeküste jeder kannte und die den Schiffern, die zugleich Eigner ihrer kleinen Küstensegler waren, sehr zu schaffen machte. Jahrelang hatten sie an dem Transport von Petroleum, das von Übersee in Bremerhaven ankam, gut verdient. Denn sie brachten die Kanister in die kleineren Ostseehäfen, wo der flüssige Brennstoff besonders für Petroleumlampen sehr gefragt war. Gerade im Jahr 1886 aber zeichneten sich schwerwiegende Veränderungen ab. Es war abzusehen, dass Petroleum künftig nicht weiter als Kistenöl, sondern in speziellen Tankschiffen transportiert werden würde. Schon 1861 hatte es ein erstes so genanntes Cisternenschiff gegeben, dessen Laderäume nur aus Tanks bestanden, die über Rohrleitungen miteinander verbunden waren.

1885 hatte der deutsche Reeder Wilhelm Anton Riedemann auf einer englischen Werft das erste Tankschiff mit dem Namen „Glückauf" in Auftrag gegeben, das 1886 in Fahrt kam. Aber es blieb nicht bei diesem einen knapp 100 Meter langen Tankschiff, das zwischen New York und Bremerhaven fuhr. Auch auf der Ostsee würden in absehbarer Zeit nur noch Tankschiffe eine Zukunft haben. Das zeigte der schwedische Tanker „Petrolea", der im selben Jahr von Bremerhaven nach St. Petersburg fuhr und damit auf der Ostsee vorführte, wie die Zukunft im Petroleumtransport aussah. Dieser Wandel vollzog sich innerhalb von nur drei Jahren und hatte auch Auswirkungen in Amerika. Dort mussten etliche Fassfabriken stillgelegt werden und viele Menschen verloren ihre Arbeit.

Den Stralsunder Schiffern, die gewohnt waren scharf zu kalkulieren, war also klar, dass ihre Schiffe im nächsten Jahr nur noch einen Bruchteil ihres Wertes haben würden. In den Hafenkneipen zwischen Flensburg und Memel reagierten die Menschen der Küste darauf mit knappen Bemerkungen. Wenn es hieß, ein hölzerner Segler sei abgebrannt, dann grinsten sie nur: „War es ein Stralsunder?"

~

Heute gelten für Tankschiffe hohe Sicherheitsanforderungen. Tanker mit nur einer Rumpfhülle sind seit kurzem in europäischen Gewässern ganz verboten. Die Rümpfe müssen eine Doppelhülle haben, die verhindern soll, dass bei Strandungen Öl ausläuft. In Deutschland entwickelte der Hamburger Reeder Günther Kordts zusammen mit der Kieler Lindenau Werft einen Sicherheitstanker, der sogar doppelte Maschinen- und Ruderanlagen hat. Damit treibt das Schiff selbst nach einem Maschinenausfall nicht manövrierunfähig in der See.

Four Winds und Falls of Foyers
Zwei Schiffe strandeten in derselben Nacht vor der Insel Helgoland
1899

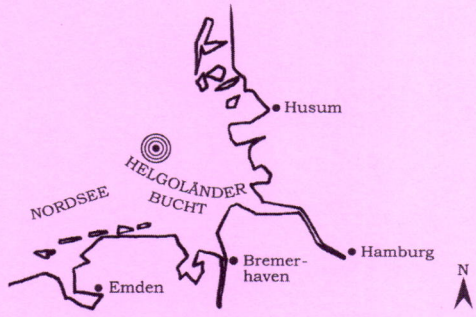

Es ist ein weiter Weg, die Treppen hinunter, vom Helgoländer Oberland zum Unterland, wo die Boote liegen. Die Männer, die an diesem Abend des 18. Januar 1899 die Treppen hinabrannten, nahmen mehrere Stufen auf einmal. Am Abendhimmel war eine Seenotrakete gesehen worden und sie machten das geruderte Rettungsboot „Claus Dreyer" klar, um zu helfen. Dichtauf folgte das Helgoländer Lotsenboot. In schwerem Seegang lag das englische Vollschiff „Four Winds" auf einer Untiefe, die bei den Helgoländern Hoog Stean heißt. Das Schiff war rund um Kap Horn mit einer Ladung Salpeter von Iquique kommend nach Hamburg unterwegs gewesen.

Die Masten und Rahen des englischen Seglers machten den Eindruck, als könnten sie jeden Augenblick von oben kommen. Aber die Mannschaft abzubergen war nicht einfach, die beiden Boote hatten Probleme, sich in dem hohen Seegang längsseits zu halten. Aber mit viel Mühe gelang es, die Mannschaft der „Four Winds" – einschließlich der Frau und der Tochter des Kapitäns – zu bergen und

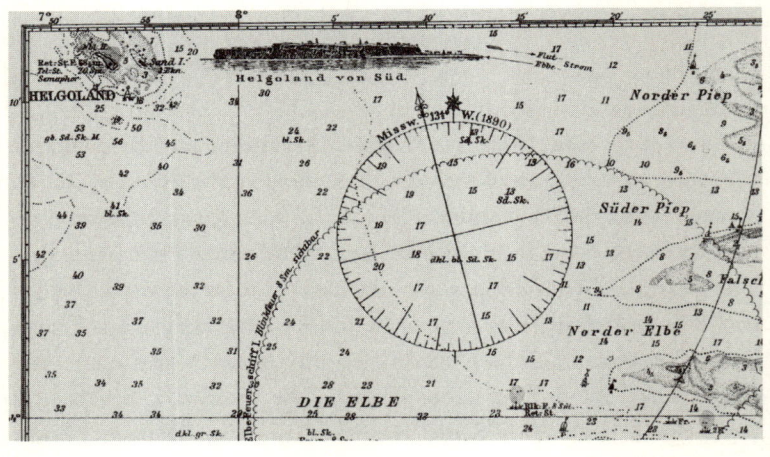

Helgoland: einzige deutsche Hochseeinsel und tückisches Schifffahrtsrevier

auf die rote Insel zu bringen. Als die Boote am Südstrand anlegten, riefen die englischen Seeleute ein dreifaches „Hipp Hipp Hurra!" als Dank an ihre Retter.

Wenige Stunden später war das Helgoländer Kurhaus hell erleuchtet, der Bürgerverein feierte sein lange geplantes Stiftungsfest. Die Männer waren nach der geglückten Rettung schnell wieder zum Alltag übergegangen. Mitten in die tanzende Runde platzten mehrere junge Männer mit der Nachricht: „Ein Schiff ist in Not!" Sie hatten schon wieder Seenotsignale gesehen. Die Männer zogen ihre Festkleidung aus, stiegen in Ölhosen, stülpten sich Südwester auf und ruderten erneut auf die Nordsee hinaus. Der Wind, der vorher aus Südwest gekommen war, hatte nun auf Nordwest gedreht. Hagelböen prasselten über die See und machten den Männern das Rudern schwer.

Das gestrandete Schiff war die englische Viermastbark „Falls of Foyers", die ebenfalls mit einer Ladung Salpeter aus Chile kam. Der Kapitän und seine Besatzung standen zwar an der Reling, wollten aber nicht in die Boote übersteigen. Der Kapitän glaubte an Bord bleiben zu können, so lange sein Schiff noch nicht leckgeschlagen war. Selbst die Helgoländer, die die Tücke der Brandung an dieser Stelle kannten, konnten ihn nicht überzeugen, dass es nur noch eine Frage kurzer Zeit sei, bis sein Schiff von den Seen zerschlagen sein würde.

Da die Helgoländer es nicht riskieren konnten, mit ihren Booten länger in der Brandungszone zu sein, segelten sie zur Insel zurück. Die Orientierung war schwer, denn das Leuchtfeuer auf der Insel verschwand immer wieder in Hagel- und Regenböen. Eine mächtige Welle stellte das kleine Rettungsboot fast auf den Kopf, das Lotsenboot konnte ihr glücklicherweise entkommen. Als beide Boote glücklich an der Landungsbrücke anlegten, stand dort die gesamte Inselbevölkerung, um zu sehen, was in dieser stürmischen Nacht aus den Männern geworden war.

Während die Männer noch ihr Boot ans Ufer zogen, gingen schon wieder Raketen hoch. Offensichtlich hatte sich die Befürchtung der erfahrenen Helgoländer bewahrheitet und das Schiff war leck geschlagen. Doch Vormann Tönnies Pauls riet davon ab, ein zweites Mal zur „Falls of Foyers" hinauszufahren. Zu hoch gingen inzwischen die Wellen. Keiner der Männer widersprach dem Vormann.

Auch am nächsten Morgen stürmte es noch. Da sah jemand vom Oberland aus in südlicher Richtung ein großes Rettungsboot in der See treiben. Es gelang, den zufällig passierenden Dampfschlepper „Reiher" mit Flaggensignalen auf das Boot aufmerksam zu machen. Er änderte seinen Kurs und nahm die Insassen auf. Sie stammten von der „Falls of Foyers" und berichteten, ein weiteres Boot sei noch auf dem Wasser.

Am späten Vormittag, als es aufgeklart hatte, entdeckten einige Lotsen am Horizont einen dunklen Punkt, den sie für ein Boot hielten.

Die Entfernung war schon zu groß, um hinauszurudern. Aber die Insel erwartete an diesem Tag den regelmäßig von Cuxhaven aus fahrenden Dampfer „Sylvana". Telegrafisch unterrichteten die Lotsen dessen Kapitän Nummelsen. Gegen zwölf Uhr mittags verließ das Schiff fahrplanmäßig den Hafen an der Elbmündung und nahm Kurs auf Helgoland. In der Nähe des Großen Vogelsandes erkannte der Kapitän tatsächlich ein treibendes Boot. Die Rettungsaktion war für ihn riskant. Denn er durfte dabei keinesfalls auf die berüchtigten Sände treiben. Die fünf Matrosen in dem Boot waren bei ihrer eigenen Rettung keine Hilfe. Sie waren so entkräftet, dass sie die zugeworfenen Leinen schon gar nicht mehr greifen konnten. Außerdem trieb ihr Boot immer näher an den Großen Vogelsand heran.

Da ließ Kapitän Nummelsen zwei Helgoländer Matrosen auf die Brücke rufen. Sie sollten sich mit einer Leine sichern und in einem günstigen Augenblick überspringen, um eine Schleppverbindung herzustellen. Kapitän Nummelsen übernahm selbst das Ruder seines Schiffes. Das Manöver gelang, die beiden Matrosen sprangen ins Boot und banden einem englischen Matrosen nach dem anderen eine Leine um den Leib, damit sie an Bord des Dampfers gezogen werden konnten.

Erst abends gegen acht Uhr erreichte die „Sylvana" mit den Geretteten an Bord die Insel, wo sie sofort ins Spital gebracht und betreut wurden.

~

Schon Anfang Februar wurde die Strandung der beiden englischen Schiffe vor dem Seeamt in Hamburg verhandelt. Im Urteilsspruch erteilte es dem Helgoländer Vormann Tönnies Pauls einen Verweis, weil er nicht ein zweites Mal zu der „Falls of Foyers" hinausgefahren war. Der Mann, der sicherlich an der Rettung von mehr als 100 Menschen beteiligt war, konnte diesen Tadel nicht ertragen und legte sein Amt nieder. Aus der Rettungsarbeit zog er sich aber nicht vollständig zurück. Wenn es notwendig war, fuhr er mit dem Lotsenboot zur Rettung von Menschenleben hinaus. Das wurde ihm kurz vor den Weihnachtsfeiertagen des Jahres 1901 zum Verhängnis. Als ein Fischdampfer nördlich der Düne festgeraten war, lief er mit einigen Männern zum Lotsenboot. Dabei brach er zusammen. Im Haus seines Neffen Claus Denker starb er wenige Stunden später.

Vegesack
Die letzte Fahrt eines Rettungsbootes
1909

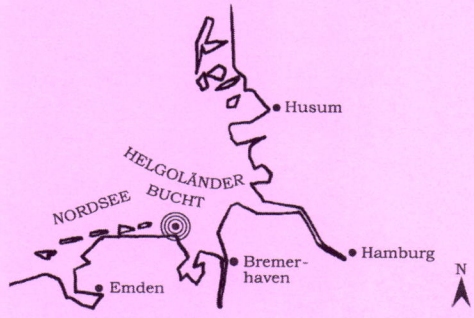

Wer ein Notsignal gab, musste oft noch lange auf Hilfe warten, selbst wenn er gesehen worden war. Und so sah mancher Schiffbrüchige seinen Rettern stundenlang hoffnungsvoll entgegen, ohne zu spüren, dass sie wirklich näherkamen. Denn die Boote wurden gerudert und nach stundenlangem Kampf gegen die Wellen hatten die Rettungsmänner oft kaum noch Kraft. Selbst wenn sie segeln konnten, hatten sie trotzdem lange gegen den auflandigen Wind aufzukreuzen.

Das erlebte der holländische Schiffer Smit, dessen Tjalk „Ora et Labora" – ein breit und stark gebauter Küstensegler – in der Zufahrt zur Jade Anfang Dezember 1909 nachts vor Anker in einem heftigen Sturm leck gesprungen war. An Bord waren die beiden Brüder des Schiffers, seine Frau und sein Kind.

An der Rettungsstation Horumersiel hatte man das Notsignal des Holländers erkannt, das Ruder- und Segelrettungsboot „Vegesack" bemannt und zu Wasser gelassen. Unter dem Kommando von

Die Besatzung der „Vegesack"
Ihren letzten Einsatz bezahlte auch ein Retter mit dem Leben

Vormann Heinrich Tjarks mussten die Rettungsmänner mühsam gegen den starken Sturm und hoch gehende Seen auf die Tjalk zusegeln. Dabei mussten sie ständig mit Ösfässern, kleinen Eimern, ihr Boot lenzen. Dann endlich war das Rettungsboot in Rufnähe. Wegen der hoch gehenden See konnte es aber nicht längsseits gehen.

Vormann Tjarks erkannte, dass das Schiff schon Grundberührung hatte, doch der Schiffer wollte seine Leute nicht abbergen lassen. Er hätte schon nach einem Schlepper signalisiert und bräuchte eigentlich nur ein paar mehr Leute, um das Wasser aus seinem Schiff zu lenzen, rief er gegen den Sturm zu den Rettern herüber. Als Vormann Tjarks Ehefrau und Kind des Schiffers erkannte, legte er dringlich nahe, zumindest die beiden abzubergen und ans sichere Land zu bringen. Doch die Frau selbst war es, die ablehnte und lieber bei ihrem Mann bleiben wollte.

Schweren Herzens ging Tjarks mit einigen seiner Männer auf die Tjalk und half. Tatsächlich bekamen sie mit der auflaufenden Tide das Schiff wieder flott. Das Rettungsboot schleppte die Tjalk in tieferes Wasser, wo sie ankerte. Die Rettung schien geglückt. Der Schlepper aber ließ noch auf sich warten.

Während seine Männer sich von den Anstrengungen ein wenig ausruhten, sah Vormann Tjarks sich um. Weit entfernt, neben der Schillingreede, entdeckte er die markante Silhouette eines Kriegsschiffes. Das könnte doch helfen, die Tjalk in Sicherheit zu schleppen! Er verständigte sich mit dem holländischen Schiffer über seinen Plan und überzeugte ihn, eine helle Handfackel als Notsignal abzubrennen. Tatsächlich nahm das Panzerschiff „Kurfürst Friedrich Wilhelm" Kurs auf sie und kam in Lee längsseits. Matrosen warfen Leinen, die auf der Tjalk belegt wurden. Beim Übernehmen der Leine geschah das erste Unglück: Der Rettungsmann Weihhusen ruschte aus und fiel über Bord. Er konnte sich noch an der Bordkante festhalten, aber Vormann Tjarks allein schaffte es nicht, den Mann wieder ins Boot zu ziehen. Erst als zwei weitere Männer zupackten, konnten sie ihren Kameraden wieder an Deck hieven. Durchnässt und zitternd saß er nun im Boot.

Im Schlepp des Kriegsschiffes ging der Zug die Jade aufwärts, dem Land entgegen. Für die kleinen Schiffe war es eine schwierige Situation – die See kam nun quer auf sie zu. In der hoch gehenden See war die Schleppleine mal bis zum Zerreißen gespannt, dann wieder hing sie ins Wasser, bevor sie mit der nächsten Welle wie eine Bogensehne hervorschoss. Da riss eine besonders hohe Welle die „Ora et Labora" nach oben. Ein kurzer Ruck, ein scharfer Knall, dann hatte die Schleppleine den Poller, auf dem sie belegt worden war, aus dem Deck der Tjalk gebrochen. Vor dem starken Sturm trieben Tjalk und Rettungsboot nun quer auf die flache Mellumplate zu. Doch der Kommandant des Panzerschiffes war ein erfahrener Seemann. Mit einem geschickten Manöver kam er den beiden kleinen Schiffen wieder so nahe, dass eine neue Schleppverbindung hergestellt werden konnte. Doch nach kurzem Schlepp riss diesmal die Leine. Für den Kommandanten der „Kurfürst Friedrich Wilhelm" wurde es nun gefährlich, die beiden abtreibenden kleinen Schiffe erneut einzufangen. Sein Tiefgang war zu groß und er lief Gefahr, selbst auf der Mellumplate zu stranden. Schweren Herzens gab er das Rettungsmanöver auf.

Für die Menschen auf der Tjalk gab es nur noch eine Rettung. Sie mussten so schnell wie möglich in das Rettungsboot umsteigen, ihr Küstensegler war nicht mehr vor der Strandung zu retten. Unterwegs nahmen sie noch zwei Schiffbrüchige von einem gesunkenen Lastensegler auf. Mit 16 Menschen war das Rettungsboot allerdings völlig übersetzt und lag tief im Wasser, aber Vormann Tjarks hoffte trotzdem, sie alle in Sicherheit zu bringen.

Inzwischen war Dunkelheit eingebrochen, Heinrich Tjarks konnte nirgends ein Leuchtfeuer entdecken, das ihm einen Ansteuerungspunkt geboten hätte. Aber die Tidezeiten hat ein Fischer im Kopf und er wusste, dass in Kürze die Ebbe einsetzt. Um mit dem Wasser nicht hinaus auf See gesogen zu werden, ließ er den Anker fallen, um wenigstens auf der Position zu bleiben.

Die Lage an Bord der „Vegesack" war verzweifelt. Seen schlugen ins Boot, die Lenzpumpe schaffte es nicht mehr. Mit ihren Südwestern schöpften einige Männer das Wasser aus dem Schiff. Das waren noch die Aktiveren. Andere hatten vor Nässe und Kälte schon keinen Lebenswillen mehr und saßen nur noch apathisch im Boot. Das Kind der jungen Holländerin, das in völlig durchnässten Decken im Arm der Mutter lag, bewegte sich nicht mehr. Es hatte die Strapazen nicht überlebt. Der Tod ihres Kindes ging der Mutter so nahe, dass sie bewusstlos zusammenbrach. Einige Männer kümmerten sich um sie, aber sie starb unter ihren Händen.

Ein wenig Hoffnung brachten Scheinwerferstrahlen, die die See abtasteten. Aber die Männer auf der „Vegesack" konnten sich nicht bemerkbar machen. Die Blaufeuer waren zum Teil schon verbraucht, zum Teil aber auch von hohen Seen über Bord gewaschen worden.

Der holländische Schiffer hatte nach dem Verlust von Frau und Kind kein Wort mehr gesprochen und nur noch teilnahmslos im Boot gesessen. Unvermittelt sackte er zusammen und war tot.

Auch die beiden Männer, die aus dem kleinen Rettungsboot auf die „Vegesack" übernommen worden waren, waren den durchlebten Strapazen nicht gewachsen: Sie starben. Ebenso wie der jüngste Bruder des holländischen Schiffers.

Als die Flut einsetzte, hatte auch der Seegang etwas nachgelassen. Das war eine neue Chance, endlich an Land zu kommen. „Wieviele Riemen haben wir noch?" fragte Vormann Tjarks. Nur vier waren noch übrig. Alle anderen hatte sich die See geholt. Doch trotzdem wurden sie bemannt, und mit letzten Kräften pullten die

Männer dem Land entgegen. Da entdeckte der Vormann einen weißen Streifen, an dem die See sich brach. Er kannte sein Revier und wusste, dass nun zwei Baken mit kleinen Hütten nicht mehr weit waren. In diesen Wohnräumen auf 20 Meter hohen Balkengerüsten übernachteten hin und wieder Beamte des Wasser- und Schifffahrtsamtes bei Inspektionen an der Küste. Dort gab es Windschutz, Trockenheit und vielleicht sogar einige Vorräte für Schiffbrüchige. Als sie die erste, etwa 20 Meter hohe Bake erreicht hatten, stiegen sie mit steifen Knochen aus dem Boot. Nur einer rührte sich nicht. Der Rettungsmann Behrens war ebenfalls ein Opfer der Überanstrengung geworden. Noch während sie ihn aus dem Boot zogen, starb er. Mit auf die Bake konnten die Männer den Toten nicht nehmen, sie banden ihn daher in seiner Rettungsweste am Fuße des Seezeichens fest. Dann kletterten sie in das kleine Schutzhaus, kauerten sich eng aneinander und versuchten sich gegenseitig zu wärmen.

Andere Männer der „Vegesack" hatten sich in die größere Bake retten, dort ein Feuer entfachen und sich aufwärmen können. Sie hatten dort sogar einen Wasservorrat.

Im frühen Licht des nächsten Vormittags entdeckten sie, dass ihr Kamerad Behrens von der See aus seiner Weste herausgerissen worden und ins offene Meer gespült worden war. Auch ihr Rettungsboot „Vegesack" war verschwunden. Die Festmacherleine hatte den Seen nicht standgehalten.

Die Männer, die in der kleinen Bake Zuflucht gefunden hatten, konnten sich während der nächsten Stunden in die große Bake mit ihrem Wohnraum retten. Vormann Tjarks gab per Telefon einen Bericht über seine Lage und die seiner Männer nach Horumersiel durch. Dort hatte schon niemand mehr damit gerechnet, die Männer jemals wiederzusehen, denn das Panzerschiff „Kurfürst Friedrich Wilhelm" hatte gemeldet, die „Vegesack" sei ein Opfer der See geworden.

Nun erhielt der Kommandant des Kriegsschiffes von Land aus über Funk Nachricht, wo sich die Überlebenden der dramatischen Rettungsaktion aufhielten. Mit einem Beiboot ließ sie der Kommandant abbergen, im Lazarett seines Schiffes ärztlich versorgen und anschließend mit einer Pinasse nach Wilhelmshaven bringen. 38 Stunden, nachdem die Männer Horumersiel mit ihrem Rettungsboot zu einer dramatischen Rettungsfahrt verlassen hatten, waren sie wieder zu Hause. Aber einige fehlten ...

~

Sechs Menschen hatten beim Untergang der holländischen Tjalk ihr Leben verloren. Das Seeamt in Oldenburg untersuchte die Havarie und die Rettungsfahrten. Am 12. Februar 1910 drückte es ein tiefes Bedauern über den Tod der Menschen aus und würdigte den Kampf der Rettungsleute gegen die See. Dem Vormann der „Vegesack" machte es keinen Vorwurf, sondern bezeichnete dessen Verhalten als vorbildlich.

PAUL
HARTER EINSATZ FÜR DIE RETTER
1920

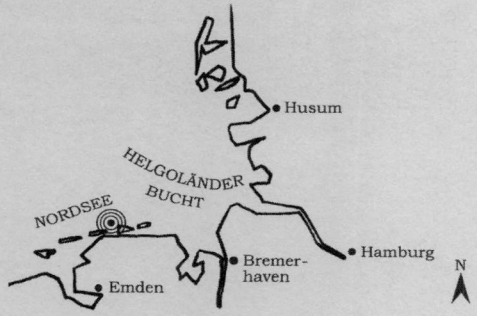

In den Laderäumen der finnischen Bark „Paul" lagen 1500 Tonnen Kohle, als sie am 9. Februar 1920 aus dem englischen Hull auslief und die Elbmündung ansteuerte. Die Nacht zum 10. Februar war stürmisch und stockdunkel. Kapitän Graenbau, ein erfahrener finnischer Seemann, hatte auslaufend von Hull einen Abschnitt der Festlandsküste angepeilt, an dem Leuchtfeuer ihm die Orientierung und das Ansteuern der Elbe erleichtern sollten. Dazu gehörte „Roter Sand", der Leuchtturm mitten in der Wesermündung. Von dort würden dann schon die Feuerschiffe in der Elbmündung oder das Feuer von Neuwerk zu peilen sein. Außerdem könnte er beim Feuerschiff „Elbe 1" einen Lotsen für dieses tückische Fahrwasser übernehmen, das sich so oft veränderte.

Doch so weit kam die Bark „Paul" gar nicht mehr. Strömungen und Abdrift hatten sie früher als geplant in die Nähe der Ostfriesischen Küste gebracht, diese sternenlose Nacht hatte keine Chance gelassen, ein Besteck zu nehmen, also konnte Kapitän Graenbau nur mitkoppeln. Eine solche Navigation, die zwar Kurse

Früher mussten Rettungsboote erst mühsam zur Unglückstelle gerudert werden
Spätere Schiffe waren nicht nur motorisiert, sondern boten auch besseren Schutz

und Entfernungen nach abgelaufener Zeit mitzeichnet, kann aber Einflüsse, wie die Abdrift durch Strömung und Wind nicht genau genug berücksichtigen. Entsprechend vage sind die damit ermittelten Standorte.

Die Bark „Paul" war so weit versetzt worden, dass sie den Landfall ausgerechnet am dunkelsten Abschnitt der Küste machte. Zwischen den Inseln Spiekeroog und Langeoog, dort, wo es keine Leuchttürme gab. Die nächsten standen auf Norderney weiter westlich und auf Wangerooge, weiter östlich. Als der Ausguck den hellen Brandungsstreifen erkannte und das Rauschen der sich brechenden Wellen hörte, war es für ein rettendes Manöver schon zu spät. Zwar befahl Kapitän Graenbau über Stag zu gehen, der Bugspriet zeigte auch schon wieder auf die offene See, doch die Hoffnung, sich noch freikreuzen zu können, zerschlug sich. Einmal, zweimal stieß der Kiel kurz auf, dann saß die Bark fest. Mit einem Blick sah der Kapitän, dass sein Schiff mit eigener Kraft nicht mehr flottkommen konnte.

Um keine Zeit zu verlieren, ließ er eine rote Notrakete abfeuern. Die Besatzung hatte Glück – das Notsignal wurde an dem einsamen Strand am frühen Morgen des 10. Februar tatsächlich gesehen. Ein Fischer meldete seine Beobachtung der Rettungsstation auf Langeoog. Zusammen mit dem Fischer lief der Vormann der Rettungsstation zu einem Beobachtungsturm und suchte mit seinem starken Fernglas die See ab. In der Otzumer Balje sah er die Bark liegen, ein starkes, stählernes Schiff, dessen Masten noch immer standen: Gute Chancen für eine Rettung. Währenddessen hatten die Dorfbewohner schon das Rettungsboot „Alexander" zu Wasser gelassen und bemannt.

Die Männer legten sich in die Riemen, um gegen den Sturm anzukämpfen, doch sie kamen kaum voran. Wind und Strömung waren zu stark. Während sie gegen das Unwetter kämpften, entdeckten die Männer das Rettungsboot „Frauenlob" von Neuharlingersiel, das ebenfalls auf den Havaristen zuhielt. Die Neuharlinger hatten sich bereits in dem Priel zwischen Langeoog und Spiekeroog durchgearbeitet, waren also einerseits vom Rudern abgekämpft, aber die Natur war auf ihrer Seite. Sie standen weiter in Luv von dem Havaristen und konnten ihn mit Wind und Strömung besser erreichen. Die Besatzung des Bootes „Alexander" drehte also ab, sie hatte keine Chance, noch helfen zu können.

Dem Boot aus Neuharlingesiel gelang es tatsächlich, sich an die Bark „Paul" heranzumanövrieren, aber wie sollten sie in dem inzwischen noch stärker gewordenen Seegang die Besatzung abbergen? Nach einigen Zeichen versuchte die Besatzung der „Paul" ihr Beiboot, das intakt in den Davits hing, zu Wasser zu lassen. Doch das Boot tanzte so auf den Wellen, dass niemand übersteigen konnte. Und als die drei Mann, die sich damit herabgefiert hatten, versuchten, in das Rettungsboot der Neuharlinger steigen, ertranken zwei von ihnen in der kochenden See. Für das Ruderrettungsboot aber gab es keine Möglichkeit mehr, noch einmal an das Wrack heranzukommen.

Der Rückweg durch den Priel nach Neuharlingersiel war ihnen verwehrt. Zu hoch gingen in dem inzwischen zum Orkan angewachsenen Sturm die Wellen, es bauten sich gefährliche Grundseen auf. So beschloss der Vormann, seine Männer zumindest hinter die Robbenplate zu führen, in der Hoffnung, dort ein wenig Schutz zu finden. Im seichten Wasser gingen sie an Land und sicherten ihr Boot mit einem Anker. Es auf den Strand zu ziehen, dafür fehlte ihnen die Kraft. Durchnässt und frierend schleppten sie sich zum Dorf Spiekeroog. Dafür brauchten sie eine volle Stunde. Aber sie wurden freundlich aufgenommen, konnten sich im Trockenen erholen und aufwärmen.

Am nächsten Morgen, die Sonne war noch nicht aufgegangen, startete der Vormann des Bootes „Alexander" einen zweiten Versuch, die Schiffbrüchigen abzubergen. Er wusste noch aus der vergangenen Nacht, dass er weiter nach Luv aufkreuzen musste, um den Havaristen zu erreichen.

Die Schiffbrüchigen der Bark „Paul" hatten eine schlimme Nacht hinter sich und nur die Hoffnung, dass die Retter wiederkommen würden, hielt sie am Leben. Sie hatten sich in den Bauch der aufgegeiten Fock geschmiegt, um ein wenig Schutz zu finden und nicht im Schlaf von Brechern über Bord gewaschen zu werden. Das große Segel hing bauchig unter der Rah und bot Schutz wie eine riesige Hängematte.

Als die Rettungsmänner sich am nächsten Morgen dem Wrack näherten, das im Sturm der Nacht noch weiter zerzaust worden war, entdeckten sie den Schlepper „Roland", der dem Havaristen ebenfalls helfen wollte, aber zu viel Tiefgang hatte, um an ihn heranzukommen.

Außerdem war das Rettungsboot „E. A. Oldemeyer" der Station Karolinensiel auf dem Weg und auch die Rettungsmänner von Langeoog waren mit ihrem Boot unterwegs zur „Paul", nachdem sie gehört hatten, dass die Rettung in der vergangenen Nacht nicht geglückt war.

Der Fockmast, in den sich die Seeleute gerettet hatten, stand noch. Aus der Fockrah winkte ein Junge den Booten verzweifelt zu. Aber von der geschützten Leeseite kamen die Schiffe nicht an die gestrandete Bark heran. Dort schwamm das Gewirr von Tauen, Segeln und Rahen, das über Bord gegangen war. Also mussten sie von Luv heran. Was gefährlicher war, denn so konnte der Sturm sie jederzeit mit voller Wucht auf das Schiff drücken. Aber es gab keine andere Chance, also mussten sie besonders aufmerksam sein.

Die Position an der Luvseite hatte aber einen Vorteil. Mit dem Wind gelang es, dem Jungen oben auf der Rah eine Wurfleine zuzuschleudern, gegen den noch immer starken Wind hätten sie wahrscheinlich keine Chance gehabt. Der Junge zog an der Wurfleine die kräftige Rettungsleine zum Schiff hinüber.

Die Rettung so nah vor Augen zu haben, gab den durchgefrorenen und durchnässten Seeleuten auf der „Paul" neuen Lebensmut. Als erstes brachten sie die Köchin zur Rettungsleine und fierten sie ab in ein Boot. Der nächste war der entkräftete alte Schiffszimmermann. Ihn konnten sie nicht von der Rah herablassen, er musste von Deck aus an die Boote übergeben werden. Dabei erfasste ihn die See und spülte ihn über Bord. Aber die Rettungsmänner reagierten schnell und zogen ihn mit einer Leine aus dem Wasser.

Nach und nach kam so ein Schiffbrüchiger nach dem anderen in die Boote. Zehn von ihnen jedoch hatten die Strandung nicht überlebt.

Die Rückfahrt unter Segeln vor dem stark auflandigem Wind war fast so dramatisch wie die eigentliche Rettungsaktion. Zwei der Rettungsboote kollidierten, eines bekam ein Leck, aber sie schafften es alle glücklich wieder, ihre Heimathäfen zu erreichen.

Noch bevor die Boote an den Strand zurückgekehrt waren, stürzte auch der letzte Mast der unglücklichen Bark über Bord. In den nächsten Tagen wurden immer wieder Wrackteile an den Strand geschwemmt. Unter ihnen auch das halbe, von der See zerschmetterte Ruderrad der „Paul". Es hängt heute im Museum der DGzRS im Hafen von Neuharlingersiel.

~

Die Strandung der Bark „Paul" zeigte die Unzulänglichkeit der damaligen Rettungsboote, die mühsam durch die Brandung zu Strandungsstellen gerudert werden mussten. Erst beim Rückweg konnten die damaligen Boote ihre Segel nutzen. Dabei ging wertvolle Zeit verloren. Mit motorbetriebenen Booten hätte man die Mannschaft der „Paul" noch in derselben Nacht abbergen können. Außerdem boten die offenen Boote den geborgenen und durchnässsten Schiffbrüchigen während der Rückfahrt zum Land keinen

Schutz gegen Wind und Kälte. Aus dieser Erkenntnis wurden motorbetriebene Rettungsboote entwickelt, die schneller durch die Brandung kamen. Außerdem waren die ersten dieser Boote halb gedeckt, sie boten den Geretteten also ein wenig Schutz vor weiterer Auskühlung durch den Wind und vor überkommenden Seen.

Lenna
Schwere See zerriss die Ruderkette
1938

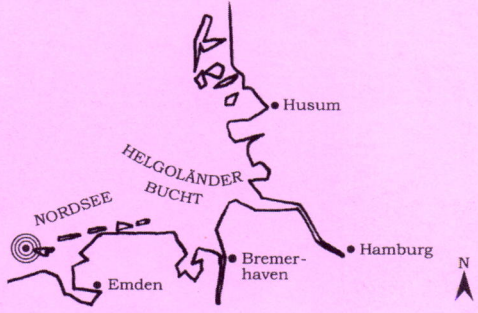

Die Reede von Cuxhaven lag voller Schiffe, die im Schutz der Elbmündung auf besseres Wetter warteten. Über die Deutsche Bucht fegte an diesem 23. November 1938 ein Nordweststurm, der auch den Kapitänen großer Schiffe Sorgen bereitete. Nur einer traute sich an diesem Tag auszulaufen. Kapitän Robert Meier führte den Bananendampfer „Pionier" der Hamburger Reederei Laeisz, deren Schiffsnamen seit Segelschiffszeiten alle mit einem „P" anfangen – auch heute noch. Es war ein schnelles und starkes Schiff.

Das Schiff hatte in den so genannten Kakaoräumen – Laderäumen, die noch unter den Kühlräumen liegen – bei dieser Ausreise Zement und Kleinbahnbriketts für die südamerikanische Plantagenbahn geladen. Es lag also gut im Trimm. Für Kapitän Meier schien es unter solchen Umständen kein besonders hohes Risiko zu sein, mit einem seetüchtigen Schiff in die Nacht und einen Orkan hineinzufahren. Vielleicht saß ihm als so genanntem „Fruchtjager" auch besonderer Zeitdruck im Nacken.

Vom Orkan wurde die steuerlose „Lenna" auf die Seite gelegt
Die Rettung, so wie sie Hans W. Spitzmann später skizziert hat

Für die Besatzung des estnischen Dampfers „Lenna" war der Wagemut von Kapitän Meier überlebenswichtig. Sie waren mit Schnittholz von Finnland kommend in Richtung England unterwegs. Als der Orkan losbrach, lagen sie in Höhe des Borkumriffs. Der Orkan beutelte den Frachter, bis die Ruderkette riss. Steuerlos legte sich das Schiff quer zur See und bekam gegen den Winddruck Schlagseite nach Luv, weil die Deckslagung aus Holzstämmen dort von überkommenden Seen immer schwerer geworden war. Nach Mitternacht brach der vordere Mast und ging mitsamt der Deckslagung über Bord. Quer zur See trieb „Lenna" auf die Küste zu.

Morgens gegen acht Uhr, es war noch nicht richtig hell und es herrschte schlechte Sicht, machte Hans W. Spitzmann, der Ausguck der „Pionier", das in der See treibende Schiff aus. Er alarmierte Kapitän Robert Meier, der zusammen mit dem Ersten Offizier Walter Keller auf die Brücke kam. Durch ihre Gläser konnten sie die Flaggen „N" und „C" am Heck erkennen, ein international übliches Notsignal. Nur in dieser Nacht, in der die meisten Schiffe sich nicht auf die See hinaustrauten, hatte es noch niemand entdeckt.

Der Kapitän und sein Erster berieten die Lage. In der hohen See erschien es einerseits sehr riskant zu sein, ein Boot auszusetzen. Auf der anderen Seite war keine Zeit mehr zu verlieren. Die „Lenna" hatte bereits so viel Schlagseite, dass der Maschinenraum schon durch die Oberlichter voll Wasser schlug. Sich selbst konnte die Besatzung nicht helfen, denn deren einziges erkennbares Boot hing an der Luvseite schon über den Oberlichtern des Maschinenraumes, konnte also nicht zu Wasser gelassen werden.

Währenddessen hatten sich auf dem Bootsdeck der „Pionier" bereits Freiwillige versammelt, die bereit waren, zur „Lenna" hinüberzurudern und die Besatzung zu retten. Gegen neun Uhr gab Kapitän Meier Befehl, das größte Boot an der Backbordseite klar zu machen, zu bemannen und einen Rettungsversuch zu wagen. Eine knappe Schiffslänge luvwärts vom Havaristen ließen sie es zu Wasser. Der Erste Offizier übernahm das Kommando, sechs Mann ruderten. Unter ihnen Hans W. Spitzmann.

Die See ging so hoch, dass das große Boot bald halb voll Wasser war. Trotzdem schafften die Männer es, sich von der noch immer drehenden Schraube der „Lenna" freizuhalten und mittschiffs an den Havaristen heranzukommen. Dabei mussten sie ständig aufpassen, nicht unter den Schlingerkiel des Schiffes zu geraten. Die estnische Besatzung, unter ihnen zwei Frauen, krochen ihnen auf der schrägen Bordwand entgegen. Sie hatten alles über die Bordwand gehängt, was sie greifen konnten: Netze, Lotsenleitern und Leinen. Daran hielten sie sich fest. Als das Boot nahe genug heran war, sprangen sie über. Es gab einige Knochenbrüche, aber alle konnten gerettet werden.

Dann ruderten die Männer der „Pionier" ein zweites Mal, um den Kapitän und die restliche Besatzung zu holen. Hans W. Spitzmann erinnert sich: „Der Erste führte das Boot mit solcher Ruhe, dass wir jungen Kerls gar nicht daran dachten, dass wir selbst unser Leben wagten."

Gegen Mittag waren einige weitere Schiffe an der Unglücksstelle angekommen. Ein Tanker ließ Öl ab, um die Wellen zu beruhigen. Auch der Sturm hatte etwas nachgelassen. Gegen ein Uhr mittags kam das Boot mit den letzten Geretteten zur „Pionier" zurück. Doch noch waren sie nicht in Sicherheit. Die Männer versuchten die schweren Bootstaljen zu greifen, die über ihnen hin- und herpendelten, aber ihr Schiff machte noch zu viel Fahrt. Die Schraube lief mittlerweile voll rückwärts, um die Fahrt zu stoppen. Das Boot schoss in der wilden See auf die Schraube zu, es schien kein Entkommen mehr zu geben. Hans Spitzmann: „Die nächste See hob uns an der Reling des Achterdecks vorbei. Ein paar Männer sprangen ab. Wir restlichen schossen jedoch mit dem Boot unter das Heck zu der noch immer voll rückwärts drehenden Schraube. Doch es sollte noch nicht unser Ende sein. Denn in diesem Augenblick stand die Schraube ..."

Die nächste See warf das Boot wie ein Spielzeug unter die Davits. Die Männer griffen die Taljen und klinkten sie ein. Präzise hievten die Besatzungsmitglieder an Deck das Boot in waagerechter Lage nach oben, bevor die nächste See sie erfassen konnte. Alle Mann konnten gerettet werden und keiner der Retter ging verloren. Die „Lenna" aber versank in der See.

~

Für den Seemann Hans W. Spitzmann, dem es angesichts der Ruhe, die der Erste Offizier ausstrahlte, gar nicht bewusst war, in welcher Gefahr er selbst sich bei dieser Rettungsaktion befand, wirkten die Ereignisse aber doch noch lange nach. Aus seiner Erinnerung malte er ein Ölgemälde, das die Rettung der Menschen von der „Lenna" abbildet. Außerdem skizzierte er, wie die Rettung vonstatten ging.

Irene Oldendorff
Die Decksladung saugte sich voll Wasser und liess das
Schiff kentern
1951

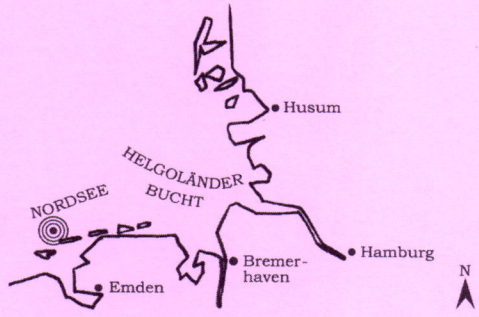

Der Wetterbericht für das Jahresende 1951 war alles andere als erfreulich: „Anhaltender Westwind, Stärke acht bis neun, in Böen bis zehn auffrischend." Kapitän Ehrtmann vom Lübecker Frachtdampfer „Irene Oldendorff" hatte ihn am 30. Dezember im Hafen von Emden empfangen, wo das Schiff 2750 Tonnen Brechkoks für den schwedischen Hafen Ystadt geladen hatte. Es würde also eine ungemütliche Fahrt werden. Doch Ehrtmann hatte Vertrauen zu seinem erst ein Jahr alten Schiff. Das Wetter der vergangenen Tage war auch nicht besser gewesen, die kurzen Nordseewellen hatten zwar viel Wasser über Deck gespült, aber der Dampfer hatte sich als stark gebaut und seetüchtig erwiesen. Viel mehr als über das Wetter erregte sich die 20köpfige Mannschaft über die Tatsache, dass sie Sylvester auf See verbringen sollte, anstatt noch einen Tag gemütlich im Hafen zu liegen. Aber so war nun einmal der Beruf.

Um 21 Uhr verließ der Dampfer die Emder Seeschleuse. Schon auf der geschützten Strecke im Hubertgat zeigte die See sich kab-

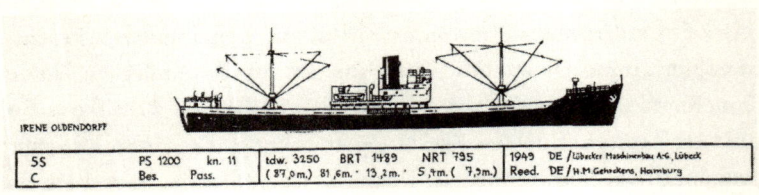

Die „Irene Oldendorff", ein typischer Stückgutfrachter der 1950er Jahre

belig. Kurze, heftige Brecher wuschen über das Deck und die dort gestaute Decksladung. Denn 450 Tonnen der Ladung Brechkoks lagen nicht in den Laderäumen, sondern waren an Deck geschüttet und dort mit einem starken engmaschigen Drahtnetz gesichert worden. Damit war der Dampfer bis oben hin beladen, die Winterfreibordgrenze schon überschritten. Doch die Seeberufsgenossenschaft hatte eine Sondergenehmigung erteilt, mit der Auflage, nur im Küstenbereich zu fahren. Wenn das Schiff die Ostsee erreicht haben und bis Schweden über offene See fahren würde, war schon so viel Treibstoff verbraucht, dass die Freigrenze nicht mehr überschritten wurde. Die Fahrt war also knapp kalkuliert, die Vorschriften aber eingehalten worden. Insofern konnte sich Kapitän Ehrtmann auf der sicheren Seite fühlen.

Als die „Irene Oldendorff" das kleine Leuchtfeuer im Westen Borkums passierte, warnte von dort ein rotes Licht. Es war schwerer Sturm zu erwarten.

„Wollen Sie nicht lieber auf Borkum-Reede vor Anker gehen?" fragte Lotse Glienke, der in Emden an Bord gekommen war und das Schiff bis zum Ausgang des Hubertgat leiten sollte, wo der Lotsendampfer lag.

Doch Kapitän Ehrtmann wollte noch den nächsten Wetterbericht abwarten. Der kam um ein Uhr nachts und hörte sich gar nicht so schlimm an. Wind aus Westen mit Stärke acht.

Kapitän Ehrtmann beschloss, nicht zu ankern.

Gegen halb vier Uhr morgens passierte das Schiff die Hubertgat-Tonne. Dort tanzte auch der Lotsendampfer „Borkum" auf den Wellen auf und ab. Sprechfunk hatte die „Irene Oldendorff" noch nicht, so verständigte man sich mit einer Morselampe.

Die See ging so hoch, dass es sehr gefährlich gewesen wäre, den Lotsen überzusetzen.

„Kann Lotse an Bord bleiben?" blinkte es im Telegrammstil von dem Dampfer herüber. Lotse Glienke war wahrscheinlich keineswegs begeistert, bis zur Einfahrt des Nord-Ostsee-Kanals an Bord bleiben zu müssen. Er hatte das Schiff in den letzten Stunden aufmerksam beobachtet und was er registrierte, gefiel ihm nicht. Die Deckslast aus Koks sog sich mit dem überkommenden Wasser voll, das Schiff wurde zunehmend topplastig und kam nach jedem Eintauchen nur schwer wieder hoch. Dann hatte es Mühe, sich von der Wasserlast zu befreien, das Wasser lief durch die Speigatten nur langsam wieder ab.

Noch unangenehmer als die Fahrt unter solchen Umständen und regelrecht halsbrecherisch wäre es aber gewesen, sich in dieser See dem kleinen Lotsenversetzboot anzuvertrauen. Der Lotse wählte den Aufenthalt auf dem Schiff und sprach damit sein eigenes Todesurteil. Denn das Blinkzeichen von der „Irene Oldendorff" war der letzte Kontakt des Schiffes zur Außenwelt. Langsam verschwand es aus den Blicken des Lotsendampfers, um vier Uhr wurde das Hecklicht zuletzt gesehen.

Etwa eine halbe Stunde später muss das Schiff von der Wasseroberfläche verschwunden sein. Wahrscheinlich hat ein hoher Brecher es zum Kentern gebracht. Das muss so schnell gegangen sein, dass weder ein Notsignal gegeben, noch ein Boot zu Wasser gelassen werden konnte. Niemand hat das Verschwinden des Schiffes mit den 22 Menschen an Bord bemerkt und so konnte niemand zu Hilfe kommen.

Taucher fanden die „Irene Oldendorff" später am Grund der Nordsee. Nur aus der Position des Wracks ließ sich der Zeitpunkt des Untergangs rekonstruieren. Geborgen werden konnte das Schiff nicht mehr. Die Nordsee hatte es schon mit feinem Sand zugedeckt.

~

„Irene Oldendorff" war ein typischer Stückgutfrachter seiner Zeit. Der Brückenaufbau war in der Mitte des Schiffes, davor und dahinter standen zwei Masten mit Ladebäumen. Das Schiff war beim Lübecker Maschinenbau gebaut worden, 87 Meter lang und mit 1489 BRT vermessen. Es konnte 3250 Tonnen Ladung aufnehmen. Angetrieben wurde das Schiff von einer 1200 PS starken Dampfmaschine, die elf Knoten Fahrt erlaubte.

Petra
**Der Überlebenskampf von Seeleuten während der Weihnachtstage
1954**

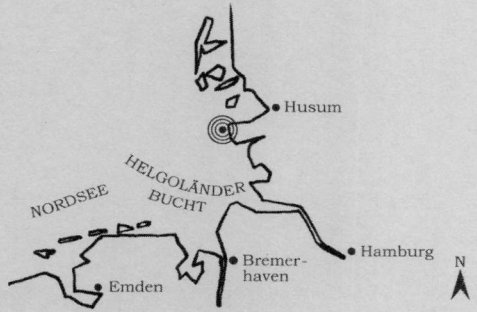

Der schwedische Frachtdampfer „Petra" hatte in Finnland eine Ladung Holz übernommen und war auf dem Weg zum Bestimmungshafen Hull in England. Wie üblich waren nicht nur die Laderäume voller Holz, auch an Deck lagerten Holzstämme, seefest gezurrt und verstaut. Die Fahrt durch Ostsee und Nord-Ostsee-Kanal war Routine, Kapitän Sven Nielson unternahm sie keineswegs das erste Mal. Am 18. Dezember 1954 hatte er die Schleusen bei Brunsbüttel passiert, dann aber auf der Reede gegenüber der Kanalmündung den Anker fallenlassen. Draußen, in der Deutschen Bucht, herrschte schweres Wetter, dem wollte Nielson weder Schiff noch Besatzung aussetzen. Zwei Tage später hatte sich das Wetter so weit beruhigt, dass er den Anker aufnehmen ließ und Kurs auf England nahm. Die „Petra" kam gut voran, gegen 20 Uhr peilte sie das Feuer des vor der holländischen Insel Terschelling liegenden Feuerschiffes.

In der darauf folgenden Nacht nahm der Wind stetig zu, gegen Morgen des 21. Dezember hatte er Orkanstärke erreicht. Die

50 Jahre vor der „Petra": Jährliche Zahl der Schiffuntergänge vor deutschen Küsten

„Petra" arbeitete heftig in der schweren See, sie knackte und knarrte in allen Verbänden. Immerhin stand das Schiff schon 48 Jahre im Dienst.

Die Mannschaft kam keinen Augenblick zur Ruhe. Sie hatte sich in dem mittschiffs liegenden Aufbau versammelt, musste aber alle Augenblicke auf das Vor- oder Achterdeck, um die Zurrings der Holzladung nachzuziehen. Jeder Schlag der tonnenschweren grünen See gegen das Schiff schien die gerade getane Arbeit wieder zunichte zu machen. Aber trotz aller Mühen der Seeleute: Die Kräfte waren zu ungleich verteilt.

Und nun begann eine Kettenreaktion, aus der Hollywood-Regisseure ihre Katastrophenfilme machen. Die achtern gestaute Decksladung ging zuerst über. Das allein hätte noch kein Unglück bedeuten müssen. Die über Bord gehenden Stämme aber wirkten auf die Ruderanlage wie Rammböcke, sie beschädigten das Rudergestänge so stark, dass die „Petra" steuerlos in der Nordsee trieb. Die Seeleute gaben nicht auf. Sie versuchten ein Notruder zu bauen und es achtern auszubringen. Was in der hochgehenden See nicht einfach war. Es fiel ihnen schon schwer genug, sich auf den überspülten Decks auf den Beinen zu halten, ständig die herumrollenden Holzstämme im Auge zu behalten und beiseite zu springen, wenn einer auf sie zugeschossen kam.

In diesem Augenblick kam die nächste Unglücksbotschaft: In der altersschwachen Kesselanlage war ein Schaden aufgetreten, der sich mit Bordmitteln nicht beheben ließ. Es half nur eins – die Heizer mußten die Feuer unter den Kesseln löschen. Außerdem hatte die „Petra" mittlerweile erhebliche Schlagseite. Die Holzladung, die der „Petra" so erheblichen Schaden zugefügt hatte, hielt das Schiff nun über Wasser. Aber die schwere See beutelte das Schiff und seine Mannschaft gehörig durch.

Der Funker setzte einen SOS-Ruf ab. Das gelang, obgleich mit der Dampfmaschine auch der Stromgenerator nicht mehr lief. Aber der Funker konnte eine schwache Notbatterie anklemmen. Auf den

Notruf meldete sich der britische Dampfer „Ardglen", versprach zu kommen und versuchen zu helfen. Noch war die Position der „Petra" bekannt.

Mittlerweile hatte die See auch die vordere Deckladung losgerissen, die ebenfalls nicht vollständig über Bord gespült war, sondern in der wild bewegten See alles zerschlug, was sich ihr in den Weg stellte.

Die 21 Seeleute der „Petra" hatten sich in den mittleren Aufbau zurückgezogen, saßen ohne Strom im Dunkeln und warteten ab. Sie konnten weder Vor- noch Achterdeck betreten.

Die nächste schlechte Nachricht brachte der Koch. Eine schwere See war bis in die Kombüse durchgeschlagen, hatte den Kohlevorrat völlig durchnässt und alle Lebensmittelvorräte unbrauchbar gemacht.

In der tiefsten Niedergeschlagenheit tauchten in der dunklen und stürmischen Nacht die Positionslampen des britischen Dampfers „Ardglen" wie ein Licht der Hoffnung auf. Es war geradezu ein Wunder, dass er die treibende „Petra" unter solchen Bedingungen überhaupt gefunden hatte. Helfen allerdings konnten die Engländer nicht. Die See ging viel zu hoch, um Boote auszusetzen oder eine Schleppverbindung herzustellen. Aber es war für die Schweden ein gutes Gefühl, ein anderes Schiff in der Nähe zu wissen. Der Dampfer „Ardglen" konnte außerdem die Position der „Petra" melden. Denn deren eigene Notmeldung war zu schwach gewesen, um sie von den Küstenfunkstellen aus einzupeilen. Nun wußten die Motorrettungsboote der Rettungsstationen entlang der deutschen Küste zumindest, wohin sie zu fahren hatten.

Aber das änderte sich schnell. In der nächsten Nacht verloren die Engländer den schwedischen Dampfer wieder aus den Augen. Denn auch sie hatten mit Orkan und schwerer See zu kämpfen, Gischt nahm ihnen die Sicht und der grau gestrichene Frachter war schon tagsüber manchmal kaum auszumachen gewesen. Die „Ardglen" keuzte immer wieder durch das Seegebiet, um die „Petra" wiederzufinden.

Am nächsten Morgen, dem 22. Dezember, rief die deutsche Seenotleitung bei den britischen Besatzungstruppen an und bat um Suchflugzeuge. Ohne Zögern stiegen zwei Militärmaschinen auf und suchten das Seegebiet ab. Sie fanden mit Mühe das graue, in graue Gischt gehüllte Schiff. Aber helfen konnten sie nicht. Und bevor Rettungsboote die Position erreicht hatten, war die Position der „Petra" schon wieder verlorengangen.

Am 24. Dezember 1954 stiegen erneut mehrere britische Suchflugzeuge auf. Aber sie fanden die „Petra" nicht mehr. War das Schiff untergegangen? Lohnten sich weitere Rettungsanstrengungen noch?

Auf der „Petra" erlebten die 21 Seeleute ein Weihnachten, das sie nie vergessen werden. Ihr mit Schlagseite treibendes Schiff wurde vom nun schon seit Tagen anhaltenden Weststurm quer zu den Wellen durch die Nordsee getrieben. Durch leckgeschlagene Lukendeckel war nach und nach so viel Wasser eingedrungen, dass es in den Laderäumen und in den Maschinenräumen schon einen Meter hoch stand. Damit waren auch alle Versuche aussichtslos, die Kesselanlage so weit in Gang zu bringen, dass wenigstens Strom für Licht und Wärme floss. So gab es nichteinmal heiße Getränke. Die Männer hockten durchnässt mittschiffs im Dunkeln und sahen hilflos mit an, wie Sturm und Wellen ihr Schiff immer weiter zerlegten. Der achtere Mast war bereits über Bord gegangen, Kommandobrücke und andere Aufbauten hatten schwere Schläge der See einstecken müssen und sahen entsprechend demoliert aus.

Die Suchflüge wurden auch am Heiligabend nicht unterbrochen. Die Männer sahen über sich unter den tief hängenden Wolken Flugzeuge kreisen, sie ahnten, dass sie gesucht wurden, konnten sich aber nicht bemerkbar machen. Denn auch ihre Seenotsignale waren von der Nässe unbrauchbar geworden. Nur einer gab die Hoffnung nicht auf. Der Funker bastelte eine Notantenne und versuchte sie möglichst hoch an den demolierten Aufbauten anzubringen. Am 25. Dezember im ersten Morgenlicht war es endlich soweit. Die Funksignale waren zwar schwach, aber es gelang mehreren Küstenfunkstellen, die „Petra" einzupeilen. Das Ergebnis war unglaublich – in den vergangenen Tagen war der Frachter von der Höhe Terschelling bis zu einer Position 30 Seemeilen nördlich von Helgoland abgedriftet.

Die Seenotleitung beorderte sofort die Rettungsboote der Stationen Büsum, Hörnum und List zum Einsatz. Gleichzeitig liefen Bergungssschlepper aus. Würde sich die „Petra" noch so lange über Wasser halten, bis die Helfer sie erreicht hatten? Und würde es gelingen, bei der noch immer schweren See die Besatzung abzubergen?

Die Küstenfunkstellen peilten die Funksignale der „Petra" weiter an und machten eine beängstigende Entdeckung: Der Frachter trieb langsam aber sicher auf die flachen Strände von St. Peter-Ording zu.

Gegen 16 Uhr machte die Besatzung des Motorrettungsbootes „Carl Laeisz" ein in der See treibendes Schiff ohne Masten aus. Die „Petra" war exakt an der Stelle an Land getrieben, die von den Küstenfunkstellen aufgrund der ständigen Funkpeilungen vorberechnet war: Eine gute Rechenleistung der Rettungskoordinatoren an Land.

Die Mannschaft der „Petra" hatte gut und richtig reagiert. Als sie die Brandungswellen voraus sah, ließ sie die Anker fallen, um nicht zu stranden. Gleich darauf hatte sie ein Boot zu Wasser gelassen und es mit fünf Mann besetzt. Sie schafften das fast unmögliche. Obgleich sie in den vergangenen Tagen kaum geschlafen und gegessen hatten, obgleich sie durchgefroren und durchnässt waren, gelang den Seeleuten der schwierigste Teil, nämlich das Boot durch die schwere Brandung zu bringen und sicher an Land zu kommen. Nun wollten sie Hilfe holen.

Kapitän Sven Nielson war mit der übrigen Besatzung auf seinem Schiff geblieben und sah dem Rettungsboot „Carl Laeisz" entgegen. Er war unterunterbrochen seit mehr als 100 Stunden auf der Brücke gewesen.

Der Kapitän sah davon ab, seine Mannschaft abbergen zu lassen, denn es waren ja zwei Schlepper zu ihm unterwegs. Nun ging, verglichen mit den vorangegangenen Tagen, alles sehr schnell. Eine Stunde später war der Schlepper „Wotan" zur Stelle, der aber nicht an die „Petra" herankam, weil das Wasser für ihn zu flach war. Das Motorrettungsboot übernahm deshalb die Aufgabe, eine Leinenverbindung herzustellen. Das dauerte eine weitere Stunde. Da die „Petra" schon seit Tagen keinen Dampf mehr auf den Kesseln hatte, konnten auch die Ankerwinschen nicht laufen und die Anker einholen. Kapitän Nielson ließ die Kette slippen, dann taute der Schlepper an und zog die „Petra" mit dem Achtersteven voran in tieferes Wasser. Der Schleppzug ging problemlos durch bis Cuxhaven, wo er am zweiten Weihnachtsfeiertag 1954 eintraf. Kaum an Land, fielen die Männer in ihren Unterkünften an Land in einen tiefen langen Schlaf. Vorher allerdings rief Kapitän Nielson bei seiner schwedischen Reederei an und meldete glücklich, er hätte in dieser schwierigen Situation keinen einzigen Mann verloren.

~

Im Jahre 1954 gab es nach dem verlorenen Zweiten Weltkrieg noch keine deutschen Streitkräfte. Die einzigen, die in der Lage waren, aus der Luft nach dem immer wieder in der Weite der See außer Sicht gekommenen Dampfer „Petra" zu suchen, waren also Militärmaschinen der in Norddeutschland stationierten britischen

Besatzungstruppen. Die Zusammenarbeit zwischen deutschen Seenotrettern und britischen Fliegern hatte sich nach Kriegsende und der Wiederaufnahme der Schifffahrt schnell eingespielt.

Elbe 1
Das Feuerschiff sank an seiner Kette
1936

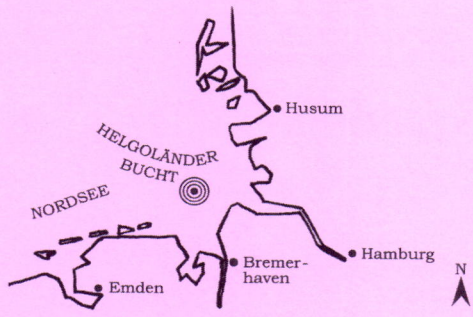

Respekt vor dem harten Dienst der Seeleute auf Feuerschiffen war in Cuxhaven weit verbreitet. In der kleinen Stadt an der Elbmündung kannte fast jeder einen Mann, der an Bord eines dieser roten Schiffe arbeitete, und mancher Vater knuffte seinen Sohn bei einem Gang durch die Stadt mit der Bemerkung in die Rippen: „Junge, nimm die Mütze ab, da kommt einer vom Feuerschiff."

Der Dienst auf einem Feuerschiff war härter als in der Handelsschifffahrt. Ein Feuerschiff konnte bei Schlechtwetter keinen schützenden Hafen anlaufen, es blieb vor seiner Kette liegen, folgte jeder Wellenbewegung und musste trotzdem von seiner Mannschaft ständig gewartet werden, damit sein Licht Schiffen den Weg wies.

Drei, eine zeitlang auch vier, solcher schwimmenden Leuchttürme lagen in der Elbmündung mit ihren gefährlichen Sänden und wiesen Schiffen den Weg. Am weitesten draußen in der Deutschen Bucht, 18 Seemeilen vor der Mündung, dort, wo der Seegang am schwersten ist, lag das größte, dasjenige, das Seeleute beim Anlau-

Der Untergang der „Elbe 1" in der damaligen Presse

fen der Elbe als erstes ansteuerten und das deshalb die Bezeichnung „Elbe 1" trug. Das war die Positionsbezeichnung. Außerdem hatte es noch einen „richtigen" Schiffsnamen, „Bürgermeister O'Swald", nach einem Hamburger Ratsherrn, der sich sehr für die Sicherheit im Schiffsverkehr eingesetzt hatte.

Die Position von „Elbe 1" war gefährlich. In den 30er Jahren des 20. Jahrhunderts war die Fahrrinne nur 20 Meter tief, auf den Sänden nur zwei bis vier Meter, je nach Tide. Bei Nordweststurm wurden die hochgehenden Seen bis zum Meeresgrund aufgewühlt. Ein Schiff, das in solche Grundseen gerät, prallt leicht in einem Wellental auf den Meeresgrund und wird dann von der nächsten hohen Welle begraben. Das erste Feuerschiff, das im 19. Jahrhundert auf dieser Position vor Anker lag, war während einer Sturmnacht spurlos verschwunden.

Doch in den 30er Jahren des 20. Jahrhunderts glaubte niemand mehr, dass sich ein solches Unglück wiederholen könnte. Die Schiffe waren mittlerweile größer geworden, aus bestem Schiffbaustahl genietet, mit eigener Maschine und Funkausrüstung. Das Feuerschiff „Elbe 1" war 1912 auf einer Stettiner Werft gebaut worden und knapp 53 Meter lang.

Der erste Herbststurm des Jahres 1936 war Mitte Oktober über die Elbmündung hinweggefegt, er hatte riesige Wassermassen in den Mündungstrichter des Flusses gedrückt. Wenige Tage später war die See wieder ruhig. Am 26. Oktober legte der kleine Versetzdampfer des Wasser- und Schifffahrtsamtes Cuxhaven ab, um die Mannschaften der Feuerschiffe in der Elbmündung auszuwechseln. Fünfzehn Mann waren jedesmal an Bord, alle fünf Tage wurden fünf von ihnen abgelöst und fuhren an Land. Jeder Einzelne tat also 15 Tage ununterbrochen Dienst.

Kapitän Friedrich Lösekamm, Funker Albert Sewatzki und drei weitere Seeleute traten diesmal ihren Dienst an und sahen ihren Bordkameraden hinterher, die mit dem Dampfer zurück nach

Cuxhaven fuhren. Zu diesem Zeitpunkt ahnte noch niemand, dass diese fünf die letzten Menschen waren, die das Feuerschiff lebend verließen.

Am Nachmittag des 26. Oktober brachte der Seefunk eine erste Sturmwarnung. Das Unwetter ließ nicht lange auf sich warten, vom Englischen Kanal kam es mit Geschwindigkeiten von zunächst 60 bis 70 Stundenkilometern heran, schob gewaltige Wellenberge vor sich her und erreichte gegen 20 Uhr die Elbmündung. Da hatte es sich schon zu Orkanstärke gesteigert. Das rote Licht auf dem Signalmast an der „Alten Liebe" in Cuxhaven warnte Schiffe vor dem Auslaufen.

Der Sturm tobte den ganzen 27. Oktober über. Die Reede von Cuxhaven füllte sich mit Schiffen, deren Kapitäne bei diesem Wetter nicht auslaufen wollten. Den Schutz der Reede versuchte von See kommend auch der Kapitän des kleinen mit 926 BRT vermessenen britischen Frachters „The President" zu erreichen. Nur ein Schiff lief aus. Es war der holländische Frachter „Poelau Bras". Sein Kapitän schien sich auf die Größe seines Schiffes und seine Seetüchtigkeit zu verlassen. Immerhin zählte es mit einer Länge von etwa 150 Meter und mit einer Vermessung von fast 10.000 BRT zu den großen Schiffen seiner Zeit. Sein Zielhafen war Amsterdam. Die See ging zu dieser Zeit schon so hoch, dass der deutsche Lotsenversetzdampfer „Dietmar Koel" seine Position in der Deutschen Bucht verlassen hatte. Deshalb musste der Lotse an Bord des Holländers bleiben und mit nach Amsterdam fahren.

Beide Schiffe näherten sich also aus verschiedenen Richtungen dem Feuerschiff „Elbe 1". Dessen Feuer war von dem kleinen britischen Frachter nur undeutlich auszumachen. Nur wenn das Schiff von einem Wellenberg angehoben wurde, konnte man kurz das Feuer peilen, bevor man wieder in ein Wellental sackte. Von der wesentlich größeren „Poelau Bras" aus war das Feuer dagegen an der Backbordseite durchgehend gut auszumachen.

Der Sturm steigerte sich bis zu Orkanstärke mit mehr als 120 km/h Geschwindigkeit, er schob von Nordwest drei gewaltige Wellenberge vor sich her. Der erste packte das Feuerschiff, drückte es auf die Steuerbordseite, aber es schüttelte die Wassermassen ab und richtete sich wieder auf.

Der deutsche Lotse und die Brückenwache auf dem holländischen Frachter konnten das Unglück verfolgen. Eben noch sahen sie das Leuchtfeuer, dann legte es sich weit ausholend auf die Seite. Einen Augenblick lang war die Backbordlaterne noch klar zu erkennen, dann verloschen alle Lichter von „Elbe 1". Als der kleine Dampfer „The President" wieder aus dem Wellental auftauchte, suchte die Brückenwache zur Orientierung das Feuer von „Elbe 1". Vergeblich.

Es schien, als hätte die zweite der gewaltigen Grundseen das Schiff bis auf den Meeresgrund gerissen und der dritte Wellenberg es dann unter sich begraben.

Ein schwerer Regenschauer erschwerte die Sicht und die Verständigung zwischen den beiden Schiffen, die in unmittelbarer Nähe waren. „The President" hatte keine Funkanlage, mit Lichtsignalen versuchte man deshalb das holländische Schiff zu erreichen. Doch dessen Brückenwache verstand die Lichtsignale nicht. Zu oft schoben sich hohe Wellenberge zwischen die Schiffe und unterbrachen den Blickkontakt.

Der Lotse auf der „Poelau Bras" glaubte zunächst nicht an einen Untergang des Feuerschiffes. Er ließ es über Funk rufen. Immer und immer wieder. Aber „Elbe 1" antwortete nicht mehr.

Der Lotse rief die Küstenfunkstelle Elbe-Weser-Radio an, die mit ihrer stärkeren Funkanlage erneut das Feuerschiff zu erreichen versuchte. Ebenfalls ohne Erfolg.

Inzwischen hatte sich die „Poelau Bras" an die Position des Feuerschiffes heranmanövriert und stoppte die Fahrt. Suchscheinwerfer tasteten die See ab, aber man sichtete nur ein kieloben treibendes rotes Rettungsboot und einige Holzstücke.

„Elbe 1" war offensichtlich mit allen 15 Besatzungsmitgliedern untergegangen. Wahrscheinlich hatten sich bei diesem schlechten Wetter alle Besatzungsmitglieder unter Deck aufgehalten. Wenn alle Luken verschlossen waren, lag das Schiff wahrscheinlich noch zwei Minuten auf der Seite, bevor es versank.

Als er die Nachricht hörte, gab der Kapitän des in Cuxhaven liegenden Hochseeschleppers „Hermes" sofort Befehl, zur Unglücksstelle auszulaufen. Doch an der Position des Feuerschiffes „Elbe 2" musste er sein Rettungsvorhaben abbrechen. Er lief Gefahr, selbst ein Opfer der See zu werden. Erst zwei Tage später hatte sich die Nordsee so weit beruhigt, dass der Schlepper einen zweiten Anlauf wagen konnte. An der Position von „Elbe 1" ließ der Kapitän den Anker fallen. Ein Taucher stieg auf den Meeresgrund und fand in 21 Meter Tiefe das Feuerschiff. Es lag auf der Seite und die Ankerkette hielt es noch immer fest. Wäre diese Kette gebrochen, hätte es 15 Menschen das Leben retten können. So war es dem Feuerschiff „Norderney" in derselben Nacht vor den Ostfriesischen Inseln ergangen. Das Schiff wurde ebenfalls von einem Brecher auf die Seite gelegt, doch die Kette brach und das Schiff richtete sich wieder auf, bevor ein zweiter Brecher über ihm zusammenschlagen konnte. Die Besatzung hatte noch einmal Glück gehabt.

Bei Ebbe suchten Küstenbewohner in den nächsten Tagen nach Wrackteilen, aus Kiel trafen acht Suchflugzeuge ein, um das Wasser nach Überlebenden von „Elbe 1" abzusuchen. Aber sie entdeckten noch nicht einmal eine Ölspur. Sofort entstand an der Küste das Gerücht, an Bord sei nicht mehr genug Treibstoff gewesen, der es dem Schiff erlaubt hätte, einen schützenden Hafen anzulaufen. Zu beweisen wäre dies allerdings nur nach einer Bergung gewesen. Doch ein solcher Versuch wurde nicht unternommen. Da das Wrack ein Hindernis für die Schifffahrt war, sprengte man es in den folgenden Wochen, ohne einen Versuch unternommen zu haben, die toten Besatzungsmitglieder zu bergen.

Seeleute und Menschen an der Küste reagierten auf den Untergang betroffen. Sie trauerten nicht nur um die 15 Seeleute. Das Unglück zeigte auch, wie anfällig alle Versuche der Menschen waren, die gefahrvolle Seefahrt sicherer zu machen. Der Untergang eines Schiffes, das mit seinem Licht anderen Menschen ein Symbol für Sicherheit und Hoffnung war, löste nicht nur eine Flut von Beileidstelegrammen aus, sondern auch Hilfsaktionen für die Hinterbliebenen.

~

Am 26. Dezember 1824 hatte man auf derselben Position schon einmal den Verlust eines Feuerschiffes und seiner Besatzung zu beklagen. Damals lag draußen vor der Elbmündung die zum Feuerschiff umgebaute Kuff „Seestern". Niemand weiß, was an Bord geschehen war. Am 27. Dezember 1824 jedenfalls war das Schiff nach einem schweren Sturm verschwunden. Im Frühjahr des darauf folgenden Jahres versuchte man es zu heben, doch es war bereits so weit im Sand versunken, dass alle Versuche ergebnislos abgebrochen werden mussten.

Maipu
Das Radargerät wurde zu spät eingeschaltet
1951

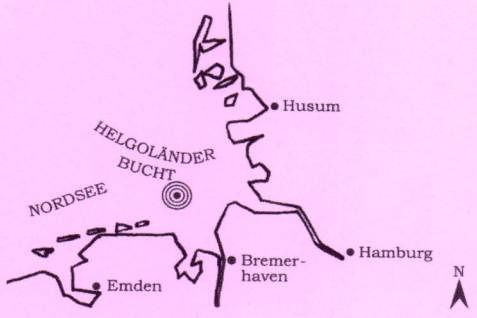

Nebel hat für die Schifffahrt seine Schrecken nie verloren. Bis heute, auch wenn Radar und Satellitennavigation Positionsbestimmung und Orientierung erleichtern.

Ein Radargerät hatte auch der argentinische Dampfer „Maipu" auf der Brücke, als er am Morgen des 4. November 1951 die Elbmündung ansteuerte. Allerdings lief die Möwenschleuder, wie Matrosen die sich drehende Antenne der Radargeräte scherzhaft nennen, in diesem Augenblick nicht. Die Geräte benötigten in jenen Jahren noch viel Strom, die Bildröhren waren teuer und nicht sehr dauerhaft, so benutzte man ein Radargerät auf vielen Schiffen nur, wenn es unbedingt sein musste. So auch auf der „Maipu". Die Brückenwache schaltete das Gerät erst ein, als das Schiff in eine dichte Nebelbank vor der Wesermündung unweit des Feuerschiffes „Weser" eingetaucht war. Die damaligen Geräte aber hatten noch einen erheblichen Nachteil: Sie zeigten keine Signale aus dem Nahbereich an, sondern nur weiter entfernte Ziele. Ein Schiff, das im

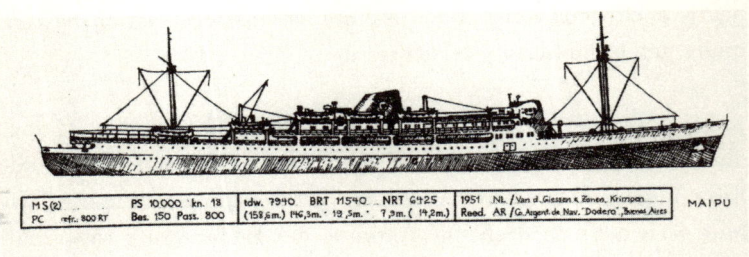

Die argentinische „Maipu" sank bereits auf ihrer zweiten Rundreise

dichten Nebel bis in den Nahbereich gekommen war, blieb damit auf dem Schirm unsichtbar.

So sah die Brückenwache auf der „Maipu" nicht, dass sich mittlerweile im Nebel ein weiteres Schiff auf Kollisionskurs näherte. Es war der amerikanische Truppentransporter „General L.M. Hersey" mit 3000 amerikanischen Soldaten an Bord auf der Fahrt von New York nach Bremerhaven, Amerikas Tor zum besetzten Deutschland. Auf dem Truppentransporter sah man die „Maipu" ebenfalls nicht, denn dort war das Radargerät trotz der schlechten Sicht gar nicht eingeschaltet. So fuhren beide Schiffe in dichtem Nebel aufeinander zu, ohne etwas voneinander zu ahnen, obgleich sie moderne Technik an Bord hatten.

Die Passagiere auf der „Maipu" freuten sich, am nächsten Tag endlich am Ziel zu sein. Etliche Gefährten der langen Atlantiküberquerung waren schon in Amsterdam ausgestiegen. Jetzt waren nur noch 80, meist argentinische Passagiere an Bord, unter ihnen 38 Frauen und acht Kinder, die Hamburg als Ziel hatten. Für die meisten war es der erste Besuch in Europa. An Bord herrschte die freudige Unruhe vor dem Anlaufen eines Zielhafens, viele Passagiere packten ihre Koffer und sahen noch einmal alle Schubladen und Schränke durch. Denn in etwa zwei Stunden hatte man das Feuerschiff „Elbe 1" in Sicht, dort würde der Lotse an Bord kommen. Von da an waren es nur noch wenige Stunden elbaufwärts, bis das Schiff endlich am Ziel war.

In den Speisesälen deckten die Stewards zu dieser frühen Morgenstunde die Frühstückstische. Üppig, wie es an Bord üblich war. Das Einzige, was an diesem Morgen störte, war das Nebelhorn, das unaufhörlich regelmäßig durch den Nebel röhrte.

Die frühen Passagiere im Speiseraum spürten kaum etwas von der Katastrophe, die über das Schiff hereinbrach. Geschirr klirrte ein wenig in den Regalen, eine Tür schlug scharf zu, ein leichter Ruck ging durch das Schiff. Aber nichts davon schien so gefährlich zu sein, dass sich unter den Passagieren Angst breit machte. Erst als nach einem zweiten leichten Ruck das Licht erlosch, wurden sie unruhig. Doch sie ließen sich von den Stewards beruhigen, die routiniert weiter das Frühstück servierten.

Niemand ahnte, dass der Ruck, den man verspürt hatte, von dem Steven des amerikanischen Truppentransporters „General L.M. Hersey" stammte, der sich fast rechtwinklig in die „Maipu" gebohrt hatte. An dem Militärschiff entstand dabei kaum ein Schaden, denn sein Steven war für die Fahrt in vereisten Gewässern besonders stark gebaut. So federte das amerikanische Schiff zurück, rutschte aus dem Loch, das es in die Bordwand gestanzt hatte, und verschwand wieder im dichten Nebel.

Während die Fahrgäste in den Speisesälen noch immer gelassen ihr Frühstück einnahmen, machte sich unter Deck Panik breit. Beißender, weißer Qualm zog durch die Gänge, drang durch Ritzen in alle Kammern, trieb den Menschen Tränen in die Augen und ließ sie würgend hustend nach oben in Sicherheit rennen. Der Steven des Truppentransporters hatte eine Rohrleitung zu den Kühlräumen zerfetzt, und nun strömte Ammoniak aus. Niemand traute sich gegen die Dämpfe anzugehen und unter Deck die Lenzpumpen anzuwerfen oder die Schotten zu schließen.

So drang Wasser ungehindert ins Schiff, das dadurch immer tiefer sackte. Die Schiffsbesatzung machte die Rettungsboote klar, Offiziere forderten die Passagiere auf, in die Boote zu steigen. Niemand musste sie ermahnen, kein Gepäck mitzunehmen: Während der Flucht vor den Ammoniakdämpfen hatte niemand sich auch noch mit einem Koffer abgeschleppt. Und zurück gegen den Qualm mochte auch niemand mehr gehen.

Eine Stunde nach der Kollision waren alle Menschen vom Schiff, als letzter ging Kapitän Juan Marquez in ein Rettungsboot. Dann ruderten die Boote von dem schon stark auf der Seite liegenden

Schiff weg. Den Untergang hat niemand gesehen, das Schiff wurde schnell wieder vom Nebel eingehüllt.

Die SOS-Rufe der „Maipu" aber waren gehört worden. Aus Bremerhaven lief der Hochseeschlepper „Seebär" aus, von Borkum kam der Schlepper „Seefalke", von Wangerooge nahm das Seenotrettungsboot „Lübeck" Kurs auf die Unglücksstelle und weitere Schiffe eilten zu Hilfe.

Der wenig beschädigte Truppentransporter, in den kein Wasser eindrang, ließ seine Rettungsboote zu Wasser, um nach Überlebenden des Unglücks zu suchen. Doch in dem dichten Nebel wussten die Amerikaner zunächst gar nicht, wo sie suchen sollten. Eher zufällig entdeckten sie ein Rettungsboot voller Passagiere, nahmen es in Schlepp und brachten die Insassen zum Truppentransporter in Sicherheit.

Unterdessen herrschte rund um die Unglücksstelle infernalischer Lärm. Die zur Rettung herbeigeeilten Schiffe warnten sich in dem dichten Nebel untereinander mit ihren Typhonen, die Schiffbrüchigen riefen um Hilfe oder machten mit Pfeifen auf sich aufmerksam. Doch trotz des Chaos konnten nach und nach alle Passagiere und Besatzungsmitglieder in Sicherheit gebracht werden. Da die Rettungsschiffe aber noch keine Liste der Geretteten hatten und deren Namen nicht übermitteln konnten, wusste niemand von denen, die schon in Sicherheit waren, ob die Angehörigen ebenfalls schon geborgen werden konnten.

Vor einem Schlepper tauchte unversehens aus dem Nebel die „Maipu" auf, die mit 60 Grad Schlagseite auf dem Wasser trieb. Mit einem Megafon rief der Kapitän zum Schiff hinauf, doch niemand antwortete. Alle Passagiere und Besatzungsmitglieder schienen von Bord gegangen zu sein. So versuchte die Schlepperbesatzung eine Leine überzubringen, um das Wrack in flaches Wasser zu schleppen. Das würde eine spätere Bergung erleichtern. Aber vergebens – die „Maipu" sackte weg. Seit der Kollision waren drei Stunden vergangen. Das Schiff sank bis in 22 Meter Tiefe. Es grub sich sieben Meter tief in den Treibsand ein und wurde nie geborgen. Alle 238 Menschen an Bord aber hatten gerettet werden können.

~

Die „Maipu" war ein kombiniertes Fracht- und Passagierschiff. Sie war 156 Meter lang und für eine argentinische Reederei auf einer niederländischen Werft gebaut worden. Am 9. Juni 1951 hatte das Unternehmen den Neubau in Dienst gestellt. Zusammen mit zwei Schwesterschiffen gehörte es zu den schönsten Schiffen der argentinischen Handelsflotte. Es wurde noch nicht einmal ein halbes Jahr alt. Zum Zeitpunkt der Kollision waren an Bord 80 Passagiere, darunter 38 Frauen und acht Kinder. Die meisten hatten die argentinische Staatsangehörigkeit und kamen zu kurzen Urlaubs- und Geschäftsbesuchen nach Europa. Bei der Unglücksfahrt handelte es sich erst um die zweite Rundreise zwischen Hamburg und Buenos Aires.

Adolph Bermpohl
Niemand weiss, was in den letzten Minuten geschah
1967

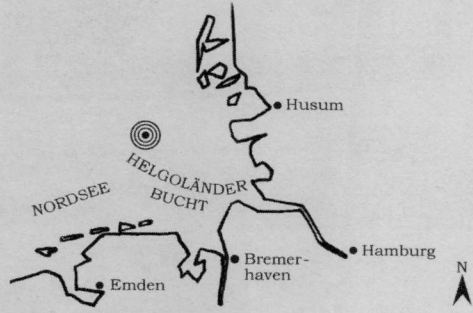

Ein orkanartiger Sturm heulte über die Deutsche Bucht. Dieser Sturm aus Nordwest brachte während des 23. Februar 1967 viele Menschen und Schiffe in Bedrängnis. Die Funksprüche mit den Küstenfunkstellen zeichneten ein schwieriges Bild. Da erhielt der Seenotrettungskreuzer „Adolph Bermpohl" den Hilferuf eines holländischen Fischkutters, der nördlich von Helgoland in schwerer See in Seenot geraten war. Die vier Mann starke Rettungsbesatzung antwortete über Funk mit dem oft zitierten Spruch: „Wir kommen!"

Sie erreichte den Kutter, konnte die Mannschaft aber nicht direkt übernehmen, sondern musste das kleine Tochterboot aussetzen, um die Holländer zu retten.

Die Dunkelheit brach langsam an, da meldete der Rettungskreuzer über Funk, die Besatzung sei gerettet. In der schweren See aber wollte man offensichtlich das Tochterboot nicht wieder an Bord nehmen. Da es seetüchtig war, wollten beide Fahrzeuge gemeinsam

Die „Adolph Bermpohl", Heimathafen Helgoland
Die Besatzung fand den Tod

nach Helgoland zurücklaufen und die Geborgenen dort an Land setzen. Es war nur eine Frage kurzer Zeit, doch auf Helgoland kam der Seenotkreuzer „Adolph Bermpohl" in dieser Nacht nicht mehr an.

Am folgenden Morgen wurde er in der Deutschen Bucht entdeckt. Er schwamm auf ebenem Kiel in der unruhigen See, schien voll seefähig zu sein und man mußte schon genau hinsehen, um die Beschädigungen am Turm und auf den Decks des Schiffes zu erkennen. Das Tochterboot fehlte. Auch von der Besatzung und den geretteten Holländern fand sich keine Spur.

Sofort startete eine umfangreiche Rettungsaktion, an der sich Hubschrauber, Suchflugzeuge und zahlreiche Schiffe beteiligten. Noch gab es Hoffnung, dass alle Besatzungsmitglieder und die holländischen Seeleute sich in das ebenfalls sehr seetüchtige Tochterboot gerettet haben könnten.
Dann entdeckten die Suchmannschaften einen der holländischen Fischer, der tot im Wasser trieb. Nun wuchs die Befürchtung, die anderen Fischer und die Besatzung des Rettungskreuzers könnten den Tod gefunden haben. Das wurde zur traurigen Gewissheit, als auch das Tochterboot kieloben in der See treibend entdeckt wurde. Es war an seiner gesamten Steuerbordseite und am Aufbau beschädigt.

Auf Helgoland besichtigten Fachleute den Kreuzer. Der Turm auf der Backbordseite war deformiert, das Deck des oberen Steuerstandes nach unten durchgebogen und stabile Lüfterkästen regelrecht zusammengefaltet worden.
Aus diesen Eindrücken und den Beschädigungen am Tochterboot rekonstruierten die Fachleute, was sich abgespielt haben musste: Offensichtlich war eine riesige Sturzsee über den Kreuzer hereingebrochen und hatte alles zertrümmert, was an Deck war. Die Gewalt der See hatte offensichtlich den Kreuzer um nahezu 90 Grad auf die

Seite gelegt. Dabei zertrümmerte der Turm das längsseits liegende Tochterschiff und drückte es unter Wasser. Ölverschmutzungen im Maschinenraum bezeugten diese starke Krängung.

Bei dem Unglück fanden die vier Rettungsmänner Paul Denker, Hans-Jürgen Kratschke, Otto Schülke und Günter Kuchenbecker den Tod. Nach ihnen wurden Seenotrettungsboote und Kreuzer benannt.

~

Ihre Seetüchtigkeit haben die Seenotkreuzer mehr als einmal unter Beweis gestellt. So wie der Kreuzer „Adolph Bermpohl" immer noch schwamm, als er ohne Besatzung aufgefunden wurde, so überstand auch der Kreuzer „Alfried Krupp" ein Durchkentern. Zwei Besatzungsmitglieder allerdings verloren dabei ihr Leben.

Das Jahr 1995 begann mit einem heftigen Sturm. Zwei niederländische Seenotrettungsboote waren am 1. Januar von Frachtern zu Hilfe gerufen worden. Dabei ging einer der Rettungsleute über Bord. Sofort lief eine Rettungsaktion an, an der sich auch der deutsche Kreuzer „Alfried Krupp" beteiligte. Nach zweieinhalb Stunden wurde der in der See treibende Mann entdeckt und alle an der Suche beteiligten Schiffe konnten auf ihre Stationen zurückkehren. So nahm auch „Alfried Krupp" Kurs zurück nach Borkum. Einer der Männer hatte sich in der schweren See eine Gesichtsverletzung zugezogen und war unter Deck. An seiner Stelle stand neben dem Vormann Bernhard Gruben nun der Maschinist Theo Fischer auf der Brücke.

Die See kochte, aber die Rettungsmänner hatten Vertrauen zu ihrem seetüchtigen Schiff. Um 22.14 Uhr verließ Theo Fischer die Brücke, um nach den Maschinen zu sehen. In diesem Augenblick drehte eine schwere Grundsee den Kreuzer einmal auf den Kopf. Ausrüstungsgegenstände lösen sich aus ihren Halterungen und flogen durch den Raum, aber der Rettungskreuzer richtete sich nach dem Durchkentern sofort wieder auf.

Vormann Bernhard Gruben hatte das Kentern überstanden, aber Maschinist Theo Fischer war spurlos verschwunden.

Der Seenotkreuzer trieb manövrierunfähig in der See, denn die Maschinen hatten beim Durchkentern automatisch gestoppt. Der Mast war geknickt, die Reling eingedrückt, der obere Fahrstand schwer beschädigt und durch zersplitterte Scheiben drang Wasser ein. Über ein Funkgerät konnten die Männer noch einen Notruf absetzen, dann fiel auch das Gerät aus. Der Notruf aber war empfangen worden. Nun lief eine Suchaktion an, an der sich auch ein Rettungshubschrauber der Deutschen Marine beteiligte. Er entdeckte den in der See treibenden Kreuzer um 23.50 Uhr und versuchte die Männer abzubergen. Jetzt galt es nur noch, Menschenleben zu retten, um den treibenden Kreuzer konnte man sich später noch kümmern.

Zehnmal flog der Hubschrauber an, während die Rettungsmänner mit Leinen gesichert auf dem Vordeck standen. Doch der Kreuzer legte sich zum Teil so schwer auf die Seite, dass es unmöglich war, die Männer abzubergen. Deshalb beschlossen sie, zurück ins Schiffsinnere zu gehen. Sie hangelten sich an den Handläufen entlang, während der Kreuzer noch immer wild hin- und herschlug und von Seen überspült wurde. Eine solche See riss Bernhard Gruben über Bord. Das letzte was die Rettungsmänner von ihm sahen, war ein Lichtblitz von seiner Rettungsweste.

Inzwischen war der Seenotkreuzer „Otto Schülke" am Unfallort eingetroffen und konnte eine Leinenverbindung zu „Alfried Krupp" herstellen. Kurz danach ging ein niederländisches Rettungsboot längsseits.

Der beschädigte Rettungskreuzer wurde an die Unterweser geschleppt und repariert. Die vergebliche Suche nach den beiden

Vermissten dauerte noch bis in die Abendstunden des 4. Januar und musste ergebnislos abgebrochen werden.

~

Es ist eine Tradition der Deutschen Gesellschaft zur Rettung Schiffbrüchiger, neu in Dienst gestellte Rettungskreuzer nach Männern zu benennen, die während der Rettungsarbeit ihr Leben verloren. So war der Seenotkreuzer „Otto Schülke", der an der Bergung des Kreuzers „Alfried Krupp" beteiligt war, nach einem Besatzungsmitglied des verunglückten Kreuzers „Adolph Bermpohl" benannt. Bermpohl war einer der Initiatoren zur Gründung einer deutschen Rettungsgesellschaft.

Seki Rolette
Kollision in der Elbmündung
1992

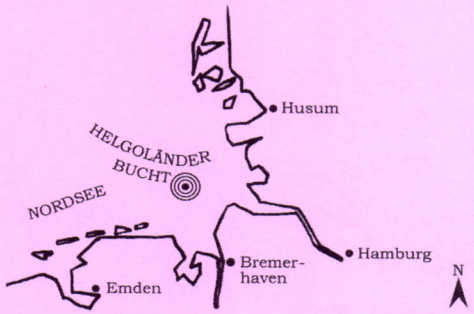

Das nasse Dreieck zwischen Elbe, Weser und Jade zählt zu den am stärksten befahrenen Seeschifffahrtswegen der Welt. Besonders im Ansteuerungsgebiet, der Deutschen Bucht, wo sich die Verkehrsströme treffen, kollidieren trotz moderner Navigationstechnik immer wieder Schiffe.

Am 23. April 1992 lief das russische, aber unter der Flagge von Liberia fahrende Containerschiff „Choyang Moscow" von der Werft Bremer Vulkan im Stadtteil Vegesack gegen 22 Uhr weserabwärts zu seiner Jungfernreise aus. Die Sichtweite betrug etwa zwei Seemeilen, es war also stark dunstig, fast neblig.

Zur selben Zeit näherte sich vom Verkehrstrennungsgebiet Deutsche Bucht der japanische Mehrzweckfrachter „Seki Rolette", der unter Panama-Flagge fuhr.

Die Sicht verschlechterte sich teilweise durch Nebelbänke auf unter 100 Meter. Von der Brücke der „Seki Rolette" aus war noch nicht einmal die Back, also der vordere Teil des Schiffes, zu sehen.

Nur mit großem technischen Aufwand konnte das Wrack geborgen werden

Für die Übergabe des Lotsen an das kleine Lotsenversetzboot fuhr die „Choyang Moscow" einen Drehkreis. Dafür benötigt ein solches Schiff fast einen Kilometer, was in der vielbefahrenen Deutschen Bucht immer ein Risiko darstellt. Aber über Funk war die Revierzentrale informiert.

Auf der „Seki Rolette" hatte man das Radarsignal der „Choyang Moscow" deutlich erkannt, die Peilungen ergaben nach Einschätzung der Offiziere auf der Brücke einen Kurs ohne Kollisionsgefahr.

Die Revierzentrale sah das ganz anders. Dort versuchte man die „Seki Rolette" über Funk anzurufen und auf die Kollisionsgefahr aufmerksam zu machen. Doch der Wachhabende der Zentrale erhielt keine Antwort. Daraufhin rief er die „Choyang Moscow" an und machte deren Brückenwache auf die Gefahrensituation aufmerksam.

Kurz nach ein Uhr kollidierten die beiden Schiffe. Die „Seki Rolette" legte sich auf die Seite und im Licht ihrer Scheinwerfer konnten die Seeleute von der „Choyang Moscow" sehen, wie drüben die Besatzung verzweifelt über Bord sprang. Man machte ein Bereitschaftsboot klar, um die Seeleute aus dem nur sechs bis sieben Grad kalten Wasser zu fischen. 18 Seeleute konnten sie retten, einen Seemann nur noch tot aus dem Wassser ziehen, vier Besatzungsmitglieder, unter ihnen auch der Kapitän, blieben vermisst. Die „Seki Rolette" sank 30 Meter tief auf den Meeresgrund.

Die Kollision setzte an der Küste eine heftige Diskussion um die Qualifikation von Seeleuten auf Schiffen unter Billigflaggen in Gang.

In diesem vielbefahrenen Seegebiet konnte das Wrack der „Seki Rolette" nicht auf dem Grund liegen bleiben. Fünf Kräne und fünf Pontons halfen es zu bergen. Als Wasserschutzpolizisten das Schiff durchsuchten, fanden sie die vier vermissten toten Seeleute, darunter auch den Kapitän.

Ein erster Plan sah vor, das Schiff gestützt von Kränen und Pontons bis auf die Reede von Neuwerk zu bringen, es dort so weit abzudichten, dass es schwimmfähig war, um es dann zum Abwracken in die Türkei zu schleppen. Doch von diesem Plan mussten die Berger absehen. Der Rumpf hatte sich bei der Havarie so weit verwunden, dass er nicht abzudichten war. Auch zwei Versuche, die „Seki Rolette" mit Hilfe von Bergungskränen auf einen unter Wasser abgesenkten Ponton zu heben, schlugen fehl. In einem Fall reichte der Tidenhub nicht aus, im zweiten Fall war die Strömung zu stark und lagerte so viel Sand unter dem Ponton ab, dass er sich nicht weit genug absenken ließ. Es blieb nur eine Möglichkeit: Die „Seki Rolette" musste zusammen mit den fünf Pontons und den Bergungskränen, die sie stützten, elbaufwärts bis in den Hamburger Hafen geschleppt werden, um es dort erneut zu versuchen. Dort würden weder Seegang, Strömung noch unebener Grund das ohnehin schon komplizierte Manöver erschweren.

Am 23. Oktober 1992 ging ein riesiger Schleppzug, gezogen von neun Schleppern, mit der Tideströmung elbaufwärts. Über See hätte man eine solche Konstruktion nicht schleppen können, doch im geschützten Revier der Elbe war es zu vertreten. So erreichte die „Seki Rolette" doch noch ihren Bestimmungshafen. Drei Tage später lag die „Seki Rolette" hoch und trocken auf dem Ponton. Zwei Tage später verließ sie für immer den Hamburger Hafen.

Das Seeamt in Bremerhaven machte beiden Kapitänen Vorwürfe. Besonders die Mannschaft der „Seki Rolette" sei anscheinend nicht in der Lage gewesen, das Radarbild richtig zu interpretieren.

~

Als sich Radargeräte nach dem Zweiten Weltkrieg auf immer mehr Schiffen durchsetzten, waren Nautiker zunächst davon begeistert, eine Möglichkeit zu haben, auch bei schlechter Sicht andere

Schiffe auszumachen. Doch oft wurden die Radarsignale falsch interpretiert. Bekanntestes Beispiel ist die Kollision der beiden Passagierschiffe „Andrea Doria" und „Stockholm" im Jahre 1956. Beide Brückenwachen hatten sich gegenseitig auf ihren Radarschirmen wahrgenommen und trotzdem kollidierten die Schiffe. Als erste zivile Schiffe nach dem Zweiten Weltkrieg mit den eigentlich für militärische Zwecke entwickelten Radargeräten ausgerüstet wurden, fehlte den Brückenwachen oft noch die Erfahrung in der Auswertung der Bildschirmanzeigen. Man markierte noch bis in die siebziger Jahre hinein die Position von Schiffen mit einem Fettstift auf der Bildschirmoberfläche, um beim nächsten Durchlauf des Radarsignals zu erkennen, wie sich die Position des Signals verändert hatte. Daraus musste der Wachoffizier dann seine Rückschlüsse auf Position, Richtung und Geschwindigkeit des anderen Schiffes ziehen.

Pallas
Die Strandung zeigte Lücken im Bergungssystem
1998

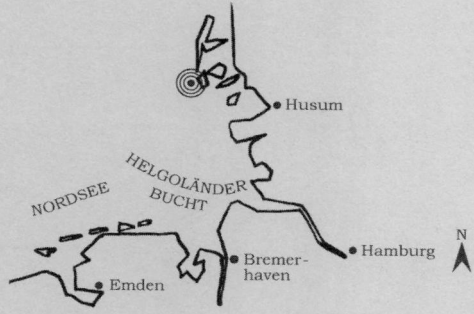

Nach diesem 25. Oktober 1998 war an der deutschen Nordseeküste nichts mehr wie zuvor. Behörden mussten sich Kritik an ihrem Krisenmanagement gefallen lassen, Lücken im Bergungssystem wurden offenbar und das Rettungswesen zwischen den Nordseeanrainern wurde neu organisiert.

Begonnen hatte alles am Nachmittag dieses Sonntags, als der polnische Kapitän des italienischen, aber unter der Flagge der Bahamas fahrenden Frachters „Pallas" im schweren Wetter der Nordsee zwischen Gischt und Regenschauern noch etwas anderes sah: Offensichtlich stieg aus einem der Laderäume Rauch auf. Das Schiff hatte im schwedischen Hafen Hudiksvall am Bottnischen Meerbusen Schnittholz übernommen, das für Casablanca bestimmt war. Es war paketweise im Laderaum gestaut, aber auch auf den Lukendeckeln lagen Holzstapel, die mit Drähten und Ketten gegen das Übergehen gesichert waren.

Hubschrauber retteten die Besatzung von der brennenden „Pallas"

Zur Kontrolle schickte der Kapitän den Zweiten Offizier nach vorn. In dem schweren Sturm und bei heftigem Regen konnte der aber nichts erkennen und äußerte gegenüber dem Kapitän, es sei wahrscheinlich nur Dampf aus der Lüftungsanlage gewesen. Den Schiffsführer beruhigte die Meldung nicht. Er vermutete einen Kurzschluss in der elektrischen Anlage und ließ vorsorglich den Strom zum Vorschiff abschalten. Außerdem informierte er die dänische Küstenwache und die Seenotrettungsstation in Aarhus. Dort versetzte man einen Rettungskreuzer und einen Hubschrauber in Alarmbereitschaft.

Danach informierte der Kapitän seine Mannschaft. Er befahl den 16 Männern, unter ihnen Bulgaren, Polen, Jugoslawen und Philipinos, die roten Überlebensanzüge anzuziehen, mit denen sie über Wasser gehalten und vor Unterkühlung geschützt werden. Der Erste Offizier gab an die Mannschaft – wie in solchen Fällen üblich – die Seefahrtsbücher und Pässe aus. Keiner der Männer zweifelte mehr am Ernst der Situation.

Die Luken durften die Männer auf keinen Fall öffnen, der Sturm hätte das Feuer wie mit einem riesigen Gebläse sofort angefacht. Daran, dass Feuer im Schiff war, zweifelte nun kaum noch jemand. Gegen 19 Uhr erhielten sie den Beweis – nun schlugen helle Flammen aus der Decksladung. Sie hatten sich wahrscheinlich auf den heißen Lukendeckeln entzündet.

Als erste Gegenmaßnahme ließ der Kapitän das Ruder nach Backbord legen und steuerte auf die Küste zu. Erstens wollte er der Küste näher kommen, um Löscharbeiten und die Rettung seiner Mannschaft zu erleichtern, zweitens lag das Schiff so vor dem Wind, es war für die Flammen also nicht so leicht möglich, sich nach achtern zum Aufbau hin auszubreiten. Denn mittlerweile hatte der Sturm die an Deck gestauten Holzstapel zu lodernden Feuern angefacht.

Erst jetzt ließ der Kapitän Kohlendioxyd in die Laderäume strömen, um die Glut zu ersticken.

Seiner Mannschaft befahl er, die Ketten und Drähte zu kappen, mit denen die Holzstapel an Deck gelascht waren. Nachdem die Männer zurück waren, legte er sein Schiff quer zur See. Heranrollende Brecher trafen die „Pallas" an der Steuerbordseite, sie holte weit nach Backbord über und das Holz rutschte polternd über Bord.

Unter den Lukendeckeln aber brannte es weiter. Als das Feuer nahezu die Vorderkante des Brückenhauses erreicht hatte, gab der Kapitän auf. Er setzte den internationalen Notruf „Mayday, Mayday" ab und bat darum, die Besatzung zu bergen.

Die Besatzung des auf Helgoland stationierten deutschen Rettungshubschraubers, die um 0.40 Uhr alarmiert worden war, konnte den Feuerschein des brennenden Schiffes schon aus 30 Seemeilen Entfernung erkennen, sie hatte also keine Probleme, das Schiff zu orten. Außerdem war ein dänischer Rettungshubschrauber unterwegs zur „Pallas". Etwa eine Stunde nach Mitternacht trafen sich beide Maschinen an dem brennenden Havaristen.

Kapitän und Erster Offizier standen auf der Brücke, die Maschine lief noch immer mit halber Kraft, damit das Schiff manövrierfähig blieb. Doch wegen der hoch schlagenden Flammen konnten die Hubschrauber die auf dem Achterdeck versammelte Mannschaft nicht direkt abbergen.

Die Rettungspiloten forderten die Seeleute deshalb auf, die Rettungsinseln über Bord zu werfen, ins Wasser zu springen, zu den Rettungsinseln zu schwimmen und dort auf die Rettung aus der Luft zu warten. In stürmischer See und stockdunkler Nacht verlangte das von den Männern einige Überwindung.

Die Idee hatte jedoch einen schweren Nachteil: Zwar waren die Inseln vorschriftsmäßig mit Leinen am Schiff gesichert, doch deren Kunststofffasern schmolzen in der Hitze und rissen. In dem starken Sturm trieben die Rettungsinseln sofort ab.

Inzwischen war die Hitze auf der „Pallas" so stark geworden, dass einer der Kräne auf den ausgeglühten Decks keinen Halt mehr fand und zur Steuerbordseite abknickte. In ihrer Verzweiflung versuchten die Seeleute nun, das Steuerbord-Rettungsboot klarzumachen. Sie schafften tatsächlich, es aus den Davits zu schwenken und zu Wasser zu lassen. Der Kapitän selbst blieb auf dem Deck und bediente die Winschen.

Als das Boot aufschwamm, wurde es vom starken Seegang gebeutelt. Der Kapitän kletterte an einer Jakobsleiter die Bordwand hinunter, das Boot aber konnte er nicht mehr erreichen. Eine hohe Welle schleuderte ihn gegen die Bordwand, er verlor das Bewusstsein. Seine einzige Chance war der Rettungsanzug, der ihn so über Wasser hielt, dass sein Gesicht aus dem Wasser sah und ihn vor dem Ertrinken schützte.

Den Seeleuten im Rettungsboot ging es nicht besser. Ihr Boot prallte im Dunkeln gegen ein im Wasser treibendes Hindernis, es zerschlug die Rumpfschale und alle Insassen gingen über Bord. Der Koch erlitt einen tödlichen Herzinfarkt und hing leblos in den Resten des Bootes.

Die Hubschrauber hatten sich mittlerweile mehr als 20 Minuten über dem Havaristen gehalten und jetzt zum ersten Mal die Chance, wirklich zu helfen. Die im Wasser treibenden Seeleute waren deutlich zu erkennen. Die Reflexstreifen an ihren roten Überlebensanzügen leuchteten im Licht der Suchscheinwerfer hell auf und so konnten sie einer nach dem anderen aus dem Wasser geholt werden. Dazu musste sich aber jeweils einer der Hubschrauberbesatzung bis ins Wasser abseilen, um den Entkräfteten zu helfen.

Als die Hubschrauber schon abdrehen wollten, erhielten sie über Funk von einem dänischen Rettungskreuzer noch den Hinweis, man hätte auf dem Schiff noch jemanden mit einer Taschenlampe, der winkte und Blinkzeichen gab, entdeckt.

Der dänische Hubschrauber musste dringend an seine Basis zurück, er hatte nicht mehr genug Treibstoff in den Tanks. Die deutsche Hubschrauberbesatzung stand vor einer schweren Gewissensentscheidung. Der Rettungssanitäter kämpfte um das Leben eines Matrosen, der so schnell wie möglich in ein Krankenhaus eingeliefert werden musste. Aber dafür müsste man den Mann auf dem brennenden Schiff zurücklassen. Vom brennenden Deck aus konnten sie ihn nicht direkt retten, er wagte es aber auch nicht, in die kochende See zu springen. So drehte der Hubschrauber ab und nahm Kurs auf Esbjerg.

Da der dänische Hubschrauber wegen eines technischen Defektes nicht wieder starten konnte, gingen die Deutschen noch einmal in die Luft und flogen zur „Pallas" zurück. Auf dem Achterdeck stand noch immer der Ingenieur, der sich die ganze Zeit darum gekümmert hatte, die Maschine der „Pallas" am Laufen zu halten. Unentschlossen lief er auf dem Achterdeck hin und her, immer wieder forderte ihn die Hubschrauberbesatzung auf, ins Wasser zu springen. Ein ums andere Mal legte er ein Bein über die Verschanzung, war einen Augenblick unentschlossen und zog es dann doch wieder zurück. Plötzlich sprang er. Die Hubschrauberbesatzung musste noch fünf Minuten warten, bis er weit genug von dem Schiff weggetrieben war, dann endlich konnten sie auch das letzte Besatzungsmitglied der „Pallas" aus dem Wasser bergen.

16 Seeleute waren in dieser dramatisch verlaufenen Nacht von dem brennenden Schiff geborgen worden. Nur der Koch hatte einen tödlichen Herzinfarkt erlitten. Es war die Stunde der Rettungshubschrauber. Andere Schiffe oder ein Rettungskreuzer hätten keine Chance gehabt, sich dem brennenden Schiff zu nähern.

Nun die trieb „Pallas" steuerlos in der Nordsee, sie hatte mittlerweile 18 Seemeilen von der Küste entfernt deutsche Hoheitsgewässer vor Sylt erreicht und wurde von dem Nordweststurm weiter auf die Küste zugedrückt.

Mit dem Hinüberdriften in deutsche Hoheitsgewässer war für die dänischen Behörden der Fall erledigt, sie übergaben die Zuständigkeit für das treibende Wrack an das Wasser- und Schifffahrtsamt in Cuxhaven. Von dort aus setzte man die Mehrzweckschiffe „Neuwerk" und „Mellum" zur „Pallas" in Marsch. Auch das Fischereischutzboot „Meerkatze" traf bei dem Havaristen ein, konnte aber wenig ausrichten, da es keine Feuerlöscheinrichtung hatte.

Von den Mehrzweckschiffen schossen wenig später dicke Wasserstrahlen auf das brennende Schiff. Der Brand musste gelöscht sein, bevor sich Berger an Bord wagen konnten, um zum Schiff eine Schleppverbindung herzustellen. Die Zeit drängte, denn die treibende „Pallas" war nur noch wenige Seemeilen von der Küste entfernt.

Wegen der drängenden Zeit ließen sich vier Mann von der „Meerkatze" mit einem Hubschrauber schon zur „Pallas" übersetzen, als das Feuer noch gar nicht völlig gelöscht war. Von der Back aus halfen sie, eine Schleppverbindung zur „Neuwerk" herzustellen. Doch ihre Mühe war vergebens, die Schleppleine riss und geriet in den Steuerbordpropeller. Nun war das Schiff eine Weile nur noch sehr eingeschränkt manövrierfähig.

Doch die vier Männer von der „Meerkatze" waren noch auf dem Havaristen und halfen, eine Leine zur „Mellum" überzubringen. Die „Mellum" schleppte an und setzte sich mit der „Pallas" auf dem Haken langsam Richtung Helgoland in Bewegung.

Die vier Männer auf dem noch immer brennenden Schiff waren in einer schwierigen Lage. Hubschrauber konnten sie wegen der wieder auflodernden Flammen nicht abbergen, auf dem Schiff konnten sie keine Minute länger bleiben. Es blieb kein Ausweg: Sie mussten ins Wasser springen und sich dort von einem Motorboot aufnehmen lassen.

In Cuxhaven bereitete man unterdessen einen Notliegeplatz für die „Pallas" vor, damit die Feuerwehr unter einfacheren Bedingungen als auf der stürmischen See gegen den Brand vorgehen konnte. Doch dazu kam es gar nicht erst. In der Nacht legte der Sturm wieder zu, der Schleppzug kam nur noch langsam voran und hatte mit schweren Seen zu kämpfen. Unter solchen Umständen waren die Löscharbeiten, die von der „Neuwerk" und dem Seenotrettungskreuzer „Wilhelm Kaisen" aus weiter liefen, schwierig. Außerdem durfte nicht unbegrenzt Wasser auf die „Pallas" geschleudert werden, da sie sonst topplastig werden würde und kentern könnte. Schon jetzt bewegte sich das Schiff im Seegang schwerfällig und holte weit über.

Diese Schwerfälligkeit, mit der das Schiff auf die Seen reagierte, wurde dann auch zum Verhängnis. Eine schwere See traf den Bug der „Pallas", sie bockte ein wenig auf, reagierte wesentlich schwerfälliger als die vorausfahrende „Mellum" und schon brach wieder die Schlepptrosse. Niemand war auf dem Schiff, der helfen konnte, eine neue Verbindung herzustellen.

Da erkannte der Schleppversorger „Alex Gordon" seine Chance, der von der Reederei den Auftrag zur Bergung des Schiffes erhalten hatte, bisher aber nur untätig nebenher gefahren war. Seine Besatzung versuchte mit Hilfe der gerissenen Leinenenden, die von der „Pallas" herunterhingen, eine neue Verbindung aufzubauen. Doch auch das gelang nicht auf Dauer. Die Position der „Pallas" ließ sich über Radar jederzeit feststellen, auch ihr Weg durch das Wasser konnte genau gemessen werden. Wenn sie weiterhin mit einer Geschwindigkeit von drei Knoten durch das Wasser trieb, bestand Gefahr, etwa drei Stunden später im Wattgebiet vor Amrum zu stranden.

Unter diesem Zeitdruck versuchte man erneut, Männer auf der „Pallas" abzusetzen. Da der Havarist in der See jedoch sehr stark rollte, war ein solches Manöver unmöglich. Schließlich winschte man zumindest einen Mann auf die „Pallas" hinunter, der die Ankerwinde bedienen und den Anker fallenlassen könnte, damit das Schiff nicht weiter auf die Küste zutrieb. In der Dämmerung auf einem schwankenden, ihm unbekannten Schiff kämpfte sich der Mann durch bis auf die Back und schaffte es tatsächlich, den Anker ausrauschen zu lassen. Die Drift der „Pallas" war vorerst gestoppt.

Erneut überlegten die Besatzungen aller Schiffe rund um die „Pallas", wie die Bergung weiter ablaufen könnte. Denn es war nicht sicher, wie lange der Anker halten würde. Die „Alex Gordon" ist ein Ankerziehversorger, also ein Schiff, dessen Aufgabe unter anderem darin besteht, Anker von Bohrinseln aus dem Meeresboden zu ziehen, um sie zu versetzen. Dafür ist das Schiff mit einem speziellen Geschirr ausgerüstet, das an der Kette abwärts gleitet, hinab bis zum Anker und sich dort in ihn verhakt.

Der Kapitän bot an, mit diesem Geschirr den Anker der „Pallas" aufzunehmen und den Havaristen an seiner eigenen Ankerkette abzuschleppen. Doch wegen des starken Seegangs rutschte das Spezialgeschirr mehrmals ab, so dass der Kapitän diesen Versuch aufgab.

In der folgenden Nacht legte der Wind wieder zu. Die Wellen türmten sich bis zu neun Meter Höhe auf. Es war eine Frage der Zeit, wann der Anker nicht mehr halten würde. Doch die Radarmessungen ergaben, dass sich das Schiff nicht von seinem Fleck bewegte.

Um elf Uhr am nächsten Morgen stellte man jedoch wieder eine leichte Drift von einer halben Seemeile fest.

Erneut setzte ein Hubschrauber Männer auf die „Pallas" über, die in einem Stauraum unter der Back eine starke Stahltrosse fanden. Die fünf Männer leisteten eine übermenschliche Anstrengung. Nur von Hand, ohne jede Winsch, schafften sie es, die starke Trosse auf die Back zu hieven und eine Schleppverbindung herzustellen.

Die „Mellum" nahm Fahrt auf. Einen Augenblick lang glaubten alle, nun hätten sie das Schiff im Griff. Da riss mit einem kurzen Knall auch dieser solide Stahldraht wie ein Faden. Der Sturm hatte Stärke neun bis zehn, die Wellen türmten sich bis viereinhalb Meter auf. Die Männer, die immer noch auf der „Pallas" waren, zögerten nicht lange. Sie ließen den verbliebenen Steuerbordanker fallen. Danach barg ein Hubschrauber sie ab. An Bord ihrer Schiffe konnte er sie wegen des starken Seegangs, in dem die Fahrzeuge wahre Bocksprünge vollführten, schon gar nicht mehr absetzen. So nahm er sie mit nach Helgoland.

Die Mühe der Männer aber war vergeblich gewesen. Der Anker hielt in dem Boden offensichtlich nicht richtig. Die Besatzung der „Meerkatze" hatte gemessen, dass die „Pallas" mit einem viertel Knoten durch das Wasser nach Osten trieb. Am Morgen des 29. Oktober, vier Tage nach der Seenotmeldung, hörte die Drift auf. Das Schiff war gestrandet. Nun kamen die Hilfsschiffe in dem flachen Wasser nicht mehr richtig an den Havaristen heran.

Es gab in den folgenden Tagen Versuche, das Schiff freizuschleppen, es gab Verhandlungsschwierigkeiten mit der Reederei, Öl trat aus, verschmutzte die Küste und verklebte das Gefieder von Seevögeln.

Politisch gab es lange Auseinandersetzungen um die Zuständigkeiten von Behörden, um Entscheidungen in Notfällen, um die Tauglichkeit von Mehrzweckschiffen wie „Mellum" und „Neuwerk" als Notschlepper sowie die Notwendigkeit, einen starken Hochseeschlepper für Notfälle in der Deutschen Bucht zu stationieren. Über diesen Diskussionen ging aber ein Argument unter: Dass nämlich zur Hilfe bei sich anbahnenden Katastrophen nicht nur Technik zur Verfügung stehen muss, sondern auch Schiffsbesatzungen auf Bergungsschleppern, die gewohnt sind, mit Schiffen in Not umzugehen.

~

Die Strandung der „Pallas" hat viele Diskussionen ausgelöst. Insbesondere die Organisation des Rettungsdienstes und der Kommunikation aller an einer Schiffsbergung Beteiligten stand in der Kritik. So stellte man die Frage, weshalb Dänemark nicht gleich nach dem ersten Notruf einen der in Esbjerg liegenden starken Schlepper zum Havaristen beordert hat. Auch die Kommunikation zwischen deutschen Dienststellen zeigte Lücken. Als Konsequenz schuf Deutschland mittlerweile ein zentrales Havariekommando in Cuxhaven, das die Einsätze bei Schiffsunglücken zwischen allen Beteiligten koordiniert. Außerdem wurde in der Deutschen Bucht ein starker Schlepper stationiert, der in Notfällen schnell eingreifen kann und Strandungen verhindern soll. Was Öl in der sensiblen Natur der Wattenküsten ausrichtet, zeigte die Strandung der „Pallas" ebenfalls. Obgleich es sich nicht um einen Tanker handelte, also in den Tanks nur vergleichsweise geringe Mengen Treibstoffe waren, wurden nach Angaben von Naturschützern 26.000 Seevögel verschmutzt und 16.000 Vögel vom Öl getötet. Der Schaden für den Tourismus auf den Nordfriesischen Inseln lässt sich kaum beziffern.

GROSSER VOGELSAND
EINE TÜCKISCHE FALLE FÜR VIELE SCHIFFE
1900/1930/1961

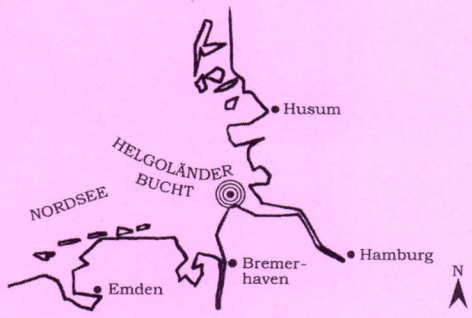

Die Ansteuerung der Elbe ist schwierig. Die Landschaft ist flach und konturlos, wer vor den Zeiten elektronischer Navigation als Schiffsführer seinen genauen Standort wegen schlechten Wetters nicht ermitteln konnte, hatte Schwierigkeiten dort Peilmarken zu finden. Der schmale sichtbare Festlandstreifen ist nur ein Teil der Wahrheit. Sände mit geringen Wassertiefen erstrecken sich bis weit in die Deutsche Bucht hinein und verändern schnell ihre Lage, wenn der feine Treibsand von Stürmen fortgetragen wird. Nordergründe, Scharhörnriff und Großer Vogelsand heißen die gefährlichen flachen Sandbänke.

Selbst ausreichende Wassertiefe kann in die Irre führen. Die Seekartenbezeichnung „Falsches Tief" läßt keinen Zweifel, was ein Schiff erwartet, das hier den Lotlinien folgt.

Zwar wurden schon früh Peilmarken wie der Turm auf Neuwerk gebaut und zeitweise bis zu vier Feuerschiffe in die Elbmündung gelegt, doch trotz allem strandeten immer wieder Schiffe, weil sie

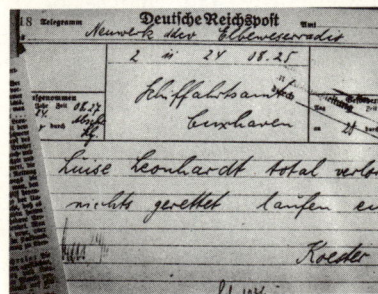

Trotz Lotsen an Bord drückte der Sturm die „H. Bischoff" auf den Großen Vogelsand
Nur die Hälfte ihrer Besatzung konnte gerettet werden
Weder Menschen noch Fracht waren noch von der „Luise Leonhardt" zu bergen
Die Besatzung der „Ondo" kam mit dem Schrecken davon

von Strömungen versetzt worden waren, in Grundseen liefen oder vom Sturm auf Legerwall gerieten.

Einer der gefährlichsten Sände ist der Große Vogelsand, besonders bei starkem Südwestwind. Da hilft bisweilen nichteinmal ein Lotse, wie das Beispiel des Viermastvollschiffes „H. Bischoff" zeigt, das während dieser Reise zweimal Kap Horn umrundet hatte und nun kurz vor seinem Heimathafen Hamburg in der Elbmündung scheiterte. Die Hälfte der Besatzung kam dabei ums Leben.

Am 28. Oktober 1900 zog ein starker Südwestwind mit Böen bis Orkanstärke über die Deutsche Bucht. Gegen Mittag erreichte das Schiff nach einer weiteren Salpeterrundfahrt rund um Kap Horn bis an die chilenische Küste auf der Heimreise die Feuerschiffe in der Elbmündung. Der Wachhabende auf „Elbe 2" hatte das Schiff zunächst als dunklen Punkt am Horizont, der schnell näherkam, wahrgenommen. Auch den Lotsendampfer „Simon von Utrecht" konnte er erkennen, der Kurs auf den einlaufenden Segler hielt. Doch noch bevor der gerade übergesetzte Lotse eingreifen konnte, war die „H. Bischoff" schon vom Sturm auf den Großen Vogelsand gedrückt worden. Am Feuerschiff „Elbe 2" hatte man den Vorgang beobachtet und sofort ein Rettungsboot ausgesetzt, dessen Besatzung auf den Havaristen zuruderte. Die Männer wussten aus Erfahrung, dass der Segler nun keine Chance mehr hatte und es nur noch galt, Menschenleben zu retten. Die Ruderer mussten schwer gegen die auflaufende Tide ankämpfen und kamen kaum voran. Doch sie hatten Glück. Der Schlepper „Albatros" nahm das Boot auf den Haken und schleppte es in Luv des gestrandeten Seglers. So konnte es auf ihn zusegeln. Der Schlepper konnte nicht nahe genug an den Havaristen herankommen, ohne Gefahr zu laufen, selbst auf dem Sand zu enden.

Vom Feuerschiff „Elbe 2" aus versuchte man das Rettungsboot im Blick zu behalten, doch schwere Regenschauer trübten immer wieder die Sicht. Gegen 15 Uhr, knapp zwei Stunden nach der Strandung, war vom Feuerschiff „Elbe 3" ebenfalls ein Rettungsboot eingetroffen, das vom Lotsendampfer geschleppt worden war. Die kleinen Boote versuchten sich an die „H. Bischoff" heranzuarbeiten. Sie wurden von schweren Seen emporgerissen und sackten in tiefe Wellentäler.

Gegen 17 Uhr, es dunkelte langsam, stoppte der Schlepper „Cuxhaven" neben „Elbe 2". Dicht konnte er bei dem schweren Seegang nicht heranfahren, die Worte waren bei dem Sturm kaum zu verstehen. Doch irgendwann verstanden die Männer auf dem Feuerschiff – das Rettungsboot war gekentert und drei ihrer Bordkameraden klammerten sich auf dem Kiel fest. Bei dieser Kälte war es nur eine Frage der Zeit, wann sie sich nicht mehr halten konnten. Also bemannte man ein zweites Boot. Diesmal zur Rettung der eigenen Leute. Doch die Männer kehrten unverrichteter Dinge zurück. Sie hatten in der wilden See weder das Boot noch ihre Kameraden gefunden.

Inzwischen war es dem Boot von „Elbe 3" gelungen, an die „H. Bischoff" heranzukommen und acht Schiffbrüchige zu übernehmen. Die Männer ließen sich über den Großen Vogelsand nach Norden treiben, um nicht gegen Wind und Wellen anrudern zu müssen. Das Boot lag tief im Wasser, immer wieder schwappten Seen hinein und wer nicht ruderte, der war mit Ösfässern und Südwestern dabei, das Boot zu lenzen. Sie konnten den Schlepper „Norderney" erkennen, doch von dort aus sah man das kleine Boot nicht. Und sie konnten sich auch nicht bemerkbar machen. Also blieb nur eine Chance: Sie mussten auf den Schlepper zurudern, was Stunden in Anspruch nahm. Aber dann konnten die Männer vom Feuerschiff ihre Schiffbrüchigen an den Schlepper übergeben. Doch zurück zum Havaristen ruderten die Männer nun nicht mehr. Sie waren übermüdet und entkräftet.

Am nächsten Morgen nahm der Seezeichendampfer „Neuwerk", der sich mit seinem geringen Tiefgang an die „H. Bischoff" heranmanövrieren konnte, die letzten Männer von dem inzwischen von der See stark angeschlagenen Viermastvollschiff über. Auf der Rückfahrt nahm er das Rettungsboot von „Elbe 3" in Schlepp und brachte es nach Cuxhaven.

~

Der Große Vogelsand war nicht nur bei der Ansteuerung der Elbe gefährlich, auch auslaufende Schiffe konnten auf ihm scheitern. Am 23. November 1930 nahm der mit 34.777 BRT vermessene Hamburger Frachtdampfer „Luise Leonhard" der Hamburger Reederei Leonhard & Blumberg Kurs auf die Elbmündung. Starker Wind aus Südwest steigerte sich in Böen bis zu Orkanstärke. In Cuxhaven waren die Sturmwarnungen aufgezogen, etliche Schiffe hatten auf der Reede vor der Stadt ihre Anker fallen lassen und warteten auf besseres Wetter. Selbst im Schutz der Elbmündung tanzten sie noch immer heftig an ihren Ankerketten auf und ab.

Die „Luise Leonhard" nahm allerdings nicht Kurs auf die Reede, sondern dampfte an den Ankerliegern vorbei weiter in Richtung Elbmündung und in die stürmische Nacht hinein. Was den Kapitän des Schiffes veranlasst haben konnte, trotz aller Warnungen in die Deutsche Bucht auszulaufen, ist heute nicht mehr nachzuvollziehen.

Zwischen den Sänden der Elbmündung packten schwere Seen das Schiff, sie spülten über die Decks und drückten es nach Lee. Der Rudergänger musste hart gegenhalten. Da brach die Kette zwischen dem Steuer auf der Brücke und dem Ruder. Die „Luise Leonhard" war der See hilflos ausgesetzt. Wind und Strömung trieben sie auf den Großen Vogelsand. Eine kurze Zeit schien es als würde der Dampfer der Brandung standhalten und die 30 Mann Besatzung hätten eine Chance auf Rettung. So flüchteten sie sich in die Masten und hielten Ausschau nach den Lichtern von Schiffen, die sich ihnen näherten. Aber das Schiff geriet in den Bereich der Grundseen, schlug mehrmals mit dem Rumpf auf und hatte starke Wassereinbrüche. Brecher schlugen über das Schiff, zerschlugen die Rettungsboote, und durch die eingeschlagenen Oberlichter des Maschinenraums drangen Ströme von Wasser ein. Aus Cuxhaven lief ein Rettungsboot aus, um die Mannschaft abzubergen, in der Brandung kam es jedoch nicht an den Havaristen heran.

Am Morgen des 24. November bot die „Luise Leonhard" nur noch ein trauriges Bild. Der größte Teil des Rumpfes wurde von weißer Gischt umspült, das hölzerne Brückenhaus war zerschlagen und in die See gespült. Schwere Brecher hatten die beiden Masten zerschlagen und den Schornstein abgeknickt. Nur einige Lüfter ragten noch über die Wasseroberfläche.

Vormann Koester vom Rettungsboot konnte keine Menschenseele mehr entdecken und nichts mehr bergen. Um 8.25 Uhr funkte er an die Küstenfunkstelle Elbeweserradio: „Luise Leonhard total verloren / nichts gerettet / laufen ein".

Tage nach der Katastrophe trieben an der Hallig Süderooge an der schleswig-holsteinischen Westküste ein Rettungsring mit der Aufschrift „Luise Leonhard Hamburg" und ein Stück eines zerschlagenen Rettungsbootes an. Die Wache des Feuerschiffes „Elbe 2" fischte ein Türblatt des Schiffes aus dem Wasser. Es war alles, was von dem Hamburger Dampfer übrigblieb, auf dem 30 Mann ihr Leben gelassen hatten. Die Stücke hängen heute im Wrackmuseum in Cuxhaven. Nur drei tote Seeleute wurden später von Fischern an der Küste Nordfrieslands gefunden. Man konnte sie als den Kapitän, einen Heizer und den Messejungen identifizieren. Die anderen behielt die See.

Später kam das Schiff zu literarischen Ehren. Der Schriftsteller Wolfgang Frank nahm dessen Schicksal zum Vorbild eines fiktiven

Romans um einen Hamburger Schiffsjungen, der dieses Schiffsunglück angeblich als einziger überlebt haben sollte.

~

An ruhigen und sonnigen Tagen, wenn Schiffe die Elbmündung verlassen und den Leuchtturm „Großer Vogelsand" passiert haben, bietet die gleichnamige Sandbank an der Steuerbordseite ein friedliches Bild. Nur zwei nahe beieinanderliegende rostig aus dem flachen Wasser ragende Schiffswracks zeugen stellvertretend für viele andere von den Schiffstragödien, die sich auf diesem Sand abgespielt haben. Es sind die Wracks der beiden Frachter „Ondo" und „Fides".

Die Strandung von „Ondo" und „Fides" erregte 1961 viel Aufsehen. Denn beide ereigneten sich innerhalb von nur sechs Wochen unter sehr ähnlichen Umständen. Hauptverursacher war, wie fast immer, wenn auf dem Großen Vogelsand etwas schiefläuft, ein kräftiger Sturm aus Südwest. Er wühlte am 6. Dezember 1961 die Nordsee auf und brachte alles mit, was zu einem solchen Sturm gehört: Hagelschauer, Orkanböen, ein Wintergewitter und hohe Seen. Kurz vor fünf Uhr morgens war ein Lotsenversetzboot gekentert, drei Mann wurden vermisst. Zwei Schiffe der Deutschen Gesellschaft zur Rettung Schiffbrüchiger suchten nach ihnen. Vergeblich.

Zur selben Zeit steuerte das Frachtschiff „Ondo" die Elbmündung an und passierte dabei nahe der Unglücksstelle. In der nachtdunklen See dieses Wintertages hielt man auch von dem Schiff aus Ausschau nach den drei im Wasser treibenden Seeleuten. Der Kapitän gab Befehl, das Schiff zu stoppen, damit sie nicht von der drehenden Schraube verletzt werden konnten. Außerdem hängten seine Matrosen Leinen mit Rettungsringen über Bord. Die Anordnungen waren zwar umsichtig, aber der Kapitän musste dafür einen hohen Preis zahlen. Schon das Stoppen der Maschine reichte aus, um die „Ondo" innerhalb kurzer Zeit auf den Großen Vogelsand zu treiben, bis das hell erleuchtete Schiff hilflos in der schweren Brandung lag. Kapitän Farquhar versuchte mit verzweifelten Maschinenmanövern wieder freizukommen. Aber er schaffte es nicht, obgleich der Sturm inzwischen ein wenig nachgelassen hatte. Zwei Bergungsschlepper waren sofort von Cuxhaven ausgelaufen, um der „Ondo" zu helfen, doch das Schiff war bereits so weit auf den Sand getrieben, dass sie es schon nicht mehr erreichen konnten.

Als es gegen Morgen graute, waren zwei weitere, starke Schlepper am Havaristen angekommen. Doch dessen Mannschaft unterschätzte die Tücke des Großen Vogelsandes und nahm weder die Hilfe des Seenotkreuzers, noch die Angebote der Schlepper an. Als die Ebbe einsetzte, machten die Schlepper ersteinmal Pause und legten sich in Lee von Neuwerk vor Anker. Die erfahrenen Schlepperkapitäne wussten längst, dass das Schiff kaum noch eine Chance hatte, wieder von dem Sand freizukommen. Doch gegen die Zustimmung des Kapitäns durften sie keine Bergungsmaßnahmen einleiten.

Kurz vor dem folgenden Hochwasser stellte ein Seenotkreuzer eine Leinenverbindung zwischen dem Havaristen und den Schleppern her. Beim höchsten Stand der Tide sollte nun ein gemeinsamer Bergungsversuch unternommen werden. Aber kaum hatten die Bergungsschiffe angetaut, das fiel die Maschinenanlage der „Ondo" aus. Sie hatte seit der Strandung ununterbrochen gearbeitet, nun war Treibsand in die Seeventile eingedrungen und hatte die Maschinen lahmgelegt. Damit aber fehlte es im entscheidenden Augenblick an Schubkraft. Bis zwei Stunden nach Hochwasser versuchten die Schlepper den Havaristen freizubekommen, dann war das Wasser so weit gefallen, dass jeder weitere Versuch aufgegeben werden musste.

Vor der nächsten Flut versuchte die Besatzung der „Ondo", den Tiefgang ihres Schiffes zu verringern. Die Männer warfen Hunderte von Kakaosäcken aus den achteren Ladeluken über Bord, weil Ruder und Schraube die tiefsten Punkte des Schiffes waren.

Bei der nächsten Havariebesprechung kam heraus, dass bereits Wasser in die Tanks und Laderäume eingedrungen war. Noch während der Nacht brachten die Berger starke Lenzpumpen heran.

Aber alle Versuche blieben vergebens. Der Mahlsand hatte das Schiff bereits zu fest im Griff. Am 9. Dezember gab die Besatzung der „Ondo" den Kampf auf und ließ sich abbergen.

Am 20. Januar 1962 kam über Funk die Alarmmeldung an Rettungskreuzer und Bergungsschlepper. Erneut war ein Schiff auf dem Großen Vogelsand gestrandet. Es handelte sich um den Frachter „Fides", der mit einer Ladung Bauxit Kurs auf den Nord-Ostsee-Kanal genommen hatte.

Der Elbloste war mit dem Versetzboot auf die „Fides" zugefahren und erkannte schon von seinem kleinen Boot aus, dass der Frachter einen falschen Kurs steuerte, er konnte sich aber nicht bemerkbar machen. Ebbstrom und starke Böen aus Südwest drückten die „Fides" auf den Großen Vogelsand. Kaum spürte er den ersten Grundstoß, da ließ der Kapitän den Befehl „Volle Kraft zurück!" geben. Gleich nach der Strandung stieg der Lotse über, um die Befreiungsversuche mit Maschine und Schraube zu unterstützen. Der Lotse musste nicht viel Überzeugungsarbeit leisten. Das frische Wrack der „Ondo" ganz in der Nähe führte dem Kapitän die Tücke des Gewässers vor Augen. Tatsächlich kam der Frachter kurz frei, wurde aber von der nächsten Böe gleich wieder auf die Sandbank gedrückt und lag nun quer zum Fahrwasser.

Vier Schlepper versuchten den Havaristen abzubergen, doch auch in diesem Fall gab der Mahlsand das Schiff nicht wieder frei. Gegen 16 Uhr brach der Frachter mit einem Knirschen auseinander. Der Seenotkreuzer brachte sich vor herumfliegenden

Holzteilen in Sicherheit. Als sie sich der „Fides" wieder näherten, konnte sie in den Laderaum des Schiffs hineinsehen. Jeder weitere Rettungsversuch war vergeblich, jetzt galt es nur noch so schnell wie möglich die 30 Mann starke Besatzung abzubergen.

~

Das Ansteuern der Elbmündung war für Segelschiffe oft gefährlich. Sie kamen nachts, bei schlechter Sicht und bedecktem Himmel aus dem Englischen Kanal, hatten kaum Gelegenheit ihren genauen Standpunkt festzustellen und mussten dennoch eine Flussmündung ansteuern, die von gefährlichen Sänden umlagert war und dazwischen nur eine schmale Durchfahrt bot. Die meisten Schiffe ankerten daher vor der Elbmündung, um auf einen Lotsen und einen Schlepper zu warten, der sie nach Hamburg tauen sollte. Nicht jeder hatte dabei so viel Glück wie Robert Miethe, einer jener legendären Kapitäne der Hamburger Reederei Laeisz, die ihre Segelschiffe bis in die dreißiger Jahre des zwanzigsten Jahrhunderts regelmäßig um Kap Horn schickte, um Salpeter aus Chile zu holen. In einer pechschwarzen Dezembernacht steuerte er mit der Viermastbark „Pitlochry" die Elbmündung an, einer Nacht, in der man kaum die Hand vor Augen sah, und gab zu einem bestimmten Zeitpunkt das Kommando zum Ankern. Blindlings, wie sie es auf etlichen Kap-Horn-Fahrten gewohnt waren, führten seine Männer den Befehl aus, ohne eine Vorstellung zu haben, wo sie genau waren. Desto erstaunter waren sie am nächsten Morgen, als sie feststellten, dass sie mitten in einem Feld anderer Segelschiffe lagen, die ebenfalls auf Lotsen und Schlepper warteten. „Sie hat ihn gefunden, nicht ich," sagte er nur, als er die erstaunten Blicke seiner Besatzung sah und klopfte auf die vertrauten Planken der „Pitlochry".

Die „Schiffsauffliegung" von Neumühlen
Eine Katastrophe, die 45 Menschen das Leben kostete
1622

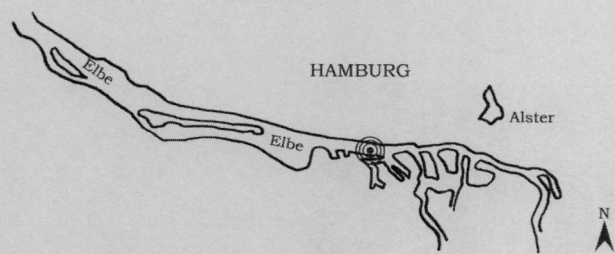

Am 2. Juli 1622 wollte der Hamburger Schiffer Peter Janssen nach Malaga auslaufen und hatte abends zwischen sechs und sieben Uhr, nachdem man an Land „vorzüglich gespeiset" hatte, den Reeder und seine Freunde zu einem weiteren Umtrunk an Bord eingeladen. Anschließend sollte das Schiff mit dem ablaufenden Wasser der Tide elbabwärts gehen.

Man trank noch ein wenig weiter und war fröhlich, da ging der Übermut mit der Mannschaft durch. Der Schiffer ließ zur Unterhaltung und als Ehre für die Gäste alle Kanonen des Schiffes abfeuern.

„Als die erste Salve erfolgte, haben sich die anwesenden Frauen und Jungfern aus angeborener Zaghaftigkeit des weiblichen Geschlechtes gewaltig verschrocken," notierte ein Chronist. „Nach der zweiten Salve haben sie's bittlich von ihren Männern erlangt, daß solch überlautetes Schießen, welches ihnen gänzlich ungewohnt und zuwider, möchte eingestellt werden. Jedennoch hat das Schiffsvolk gegen die Order noch eine dritte Salve gelöst, als zum

Übermut führte offenbar zur Explosion und brachte 54 Menschen den Tod

Valet und weil aller guten Dinge drei seien, woraus aber leider Gottes ein sehr bös Ding geworden ist."

Vermutlich war die Mannschaft betrunken, jedenfalls geriet ein Funken in das Pulverfass. „Mit erschrecklichem Donnerskrachen und feuriger Lohe" ist das Schiff dann in die Luft geflogen. Zwei Ewer voller Korn, die in der Nähe lagen, fingen gleich mit Feuer. So regnete von dem Explosionsdruck brennendes Getreide auf die Menschen am Ufer, die das Unglück beobachtet hatten. Das brennende Schiff aber riss sich los, trieb elbabwärts und ist vor Wittenbergen endgültig gesunken.

In allen schaurigen Details hielten Zeitgenossen fest, was von der „Schiffsauffliegung" erzählt wurde. So soll einer der Reeder gerade auf dem Schiffskastell seinen Becher gehoben und vor Lust gejauchzt haben, als „der Schlag geschah und er im Nu in die Luft fuhr, von dannen er in Stücken niederfiel."

Am hohen Ufer fand man im einem Kornfeld ein halbes Bein. „In der Hosentasche steckte ein Kontorschlüssel, woran man einen vornehmen Hamburger Kaufmann erkannte, von dem man nur dieses halbe Bein begraben konnte."

Fünfundvierzig Menschen fanden bei der „Schiffsauffliegung" den Tod. Darunter der Schiffer Peter Janssen, seine Frau, seine beiden Söhne und elf Bootsleute.

Trauer herrschte in etlichen angesehenen Hamburger Kaufmannsfamilien, die ihre Angehörigen verloren hatten. Am Sonntag drauf hat Magister Hartkopf, der Prediger von St. Nikolai, von der Kanzel herunter über das Ereignis gepredigt und seine mahnenden Worte auch noch drucken lassen. „Denk daran, Hamburg" hieß das Flugblatt.

Die „Schiffsauffliegung von Neumühlen" fand Eingang in die Hamburger Sagen. Danach hatte die Witwe Krampen am Brook eine einzige und hübsche Tochter. Hinrich Kräffting, der Handlungsdiener von einem der Reeder, wollte die junge Frau heiraten und überredete sie an diesem 2. Juli, doch mit auf das Schiff zu kommen, das nach Malaga absegeln sollte. Sie wollte nicht, aber die Mutter redete ihr gut zu, der junge Mann schien ihr als Schwiegersohn sehr recht zu sein. So ließ sich die Tochter überreden und fand vor Neumühlen den Tod. In der Sprache des 17. Jahrhunderts lautete das so: „So ist sie denn mit ihrem Liebsten hinausgegangen, und beider Seelen sind vereint gen Himmel geflogen."

Die Mutter hat den Tod ihrer Tochter nie verwunden. Eines Tages fand man nur noch ihre Pantoffeln „fein säuberlich aufgestellt" auf einem kleinen Steg am Wasser, auf dem Frauen ihre Wäsche wuschen. Die Waschfrauen berichteten fortan häufiger, sie hätten an der Stelle Seufzen, Stöhnen und Pantoffelgeklapper gehört. Sie beeilten sich, mit ihrer Arbeit vor Sonnenuntergang fertig zu sein. Eine Frau aber, die noch spät nach Mitternacht zu dem Steg ging, um ein vergessenes Wäschestück zu holen, sah dort eine schwarz gekleidete Frauengestalt, die händeringend auf und ab ging, dann aufs Wäschebrett trat und im Wasser verschwand. Die Erzählung hielt sich noch bis ins beginnende 19. Jahrhundert.

~

Nach neueren Forschungen handelte es sich bei dem Segler wahrscheinlich um ein Schmugglerschiff, das Spanien mit Waffen versorgte. Das Land lag im Krieg mit den Niederlanden als führende Seemacht. Und die Holländer kontrollierten alle Schiffe in ihrem Einflussbereich. Dazu gehörte auch die Elbe. Zwischen 1978 und 1981 kamen bei Baggerarbeiten an der Fahrrinne der Elbe viele Teile des verunglückten Schiffes wieder ans Tageslicht. Unter anderem ein Fass voller Musketen. Fässer waren Vorläufer der heute üblichen Container, in ihnen konnten Güter seefest verschickt werden. Das Museum für Hamburgische Geschichte hat der „Schiffsauffliegung" eine eigene Vitrine gewidmet.

ATHABASCA
EIN SCHIFF VOLLER AFFEN IN TODEANGST
1891

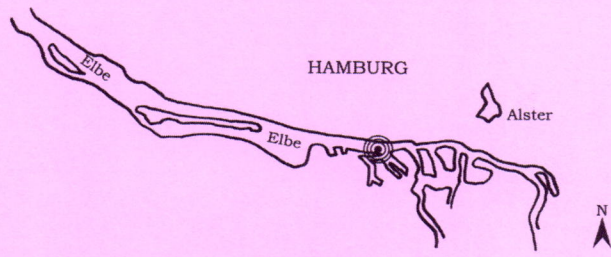

Als auf den großen Containerterminals auf der Südseite der Elbe noch nicht Tag und Nacht die Umschlagbrücken liefen und Transportfahrzeuge hektisch blinkend über das Gelände fuhren, gab es in Hamburg kaum einen stilleren Ort als das Elbufer bei Neumühlen. Vor mehr als 100 Jahren wohnten dort, unmittelbar am Fluss, nur einige Lotsen und Fischer in kleinen flachen Häusern. Nur hin und wieder hörte man nachts das Stampfen einer Dampfmaschine und das Rauschen eines Schiffes durch das Wasser.

Am 7. Oktober 1891 wurde diese Beschaulichkeit jäh unterbrochen: Ein metallisches Krachen, danach hallten schrille Todesschreie aus vielen Kehlen durch die trübe Oktobernacht. Die Menschen schreckten aus dem Schlaf, rannten vor die Türen und sahen das Unglück auf der Elbe.

Der 90 Meter lange britische Dampfer „Athabasca", Heimathafen Liverpool, war mit einer seltsamen Ladung aus Rangun zurückgekehrt. Wie so oft hatte er zwar Reis in seinen Laderäumen, bei die-

Das Wrack der „Athabasca" wurde Namensgeber des Hamburger Athabaskakais

ser Fahrt aber auch zusätzlich eine größere Anzahl Affen an Bord. Sie waren für den Hamburger Carl Hagenbeck bestimmt, der nicht nur einen Tierpark betrieb, sondern auch im großen Stil weltweit mit exotischen Tieren handelte.

Kapitän Johns stand auf der Brücke, sein Schiff hatte gerade die Bake bei Finkenwerder passiert und hielt Kurs auf das Leuchtfeuer Neumühlen. Aus welchem Grund die „Athabasca" auf die damals noch vor Oevelgönne liegende Untiefe Böhnhasen-Sand geriet, ist heute nicht mehr nachvollziehbar. Aber es war auch kein Drama. Noch nicht. Die Tide lief auf, in weniger als einer Stunde würde der Reisdampfer wieder von selbst freikommen. Einen Wassereinbruch hatte die Mannschaft des Schiffes beim Auflaufen auf den weichen Sand nicht feststellen können.

Die Flut hob das Schiff tatsächlich langsam an und das Heck schwamm deutlich auf, nur der Bug saß noch fest. Es war eine Frage kurzer Zeit, bis das ganze Schiff wieder flott sein würde.

Das auflaufende Wasser hatte aber einen Nachteil: Es drückte das Schiff herum, bis es quer zum Fahrwasser lag. In diesem Augenblick bohrte sich der ebenfalls Hamburg anlaufende Frachter „Procida" mit seinem Steven kurz hinter deren Kommandobrücke in den Rumpf der „Athabasca". Das getroffene Schiff brach sofort auseinander und die beiden Teile sanken. Das Wasser war an dieser Stelle zwar nicht tief, die Aufbauten und Teile der Decks sahen noch immer aus dem Wasser. Die Affen in den Laderäumen aber waren nicht mehr zu retten. Ihre schaurigen Todesschreie, bevor sie ertranken, hatten die Oevelgönner alarmiert. Von der Besatzung wurde niemand verletzt.

Zwei Schlepper konnten die „Procida" freischleppen, sie setzte ihre Reise in den Hamburger Hafen fort.

Am nächsten Tag gingen Bergungsschiffe von Hamburger Tauchunternehmen längsseits. Sie bargen von der Reisladung so viel, wie unverdorben war, nahmen dann die Rumpfteile zwischen sich, brachten sie auf die Südseite der Elbe und setzten sie dort ab. Die „Athabasca" war nicht mehr zu retten.

Da das Eisengerippe des Dampfers bei Hochwasser von der Elbe umspült war, setzte man zur Warnung für die Schifffahrt obendrauf ein Leuchtfeuer. Der Vorfall war bald vergessen. Nur Jugendliche segelten regelmäßig zu dem Wrack, hangelten sich hinauf und übten bei Hochwasser von dort aus Kopfsprünge. Sie erzählten, das Wrack stammte von einem Schiff mit dem Namen „Athabaska", inzwischen hatte man den Namen mit einem „k" eingedeutscht. Für die Jugendlichen war es abenteuerlich. Bezeichnete Athabasca doch einen nordamerikanischen Indianerstamm, nach dem auch ein Gletscher, ein Fluss und ein See benannt worden waren. Auch die Geschichte von den Affen an Bord machte die Runde, wurde aber allgemein für Seemannsgarn gehalten.

Bei einer Hafenerweiterung 1912 setzte man vor das rostige Wrack der „Athabasca" eine Kaimauer. Dahinter spülte man Sand auf, bis vom Wrack nichts mehr zu sehen war. So entstand eine künstliche Landzunge, die man Athabaskahöft nannte. Darauf stand lange Zeit eine Wache der Hamburger Wasserschutzpolizei. In der Wache hingen ein Ruderrad und davor stand ein Anker – beides sollte angeblich von der „Athabasca" stammen.

Container veränderten mittlerweile den Hamburger Hafen. Anstelle von Lagerschuppen nahe am Wasser benötigte man nun große Flächen, um die Blechboxen zu stapeln. Der Hafen musste erweitert werden. So riss man die Polizeiwache auf dem Athabaskahöft ab und baute dahinter eine Umschlaganlage für Container, die 1976 den Namen Athabaskakai erhielt.

~

1993 wurde der Athabaskakai erweitert. Dabei entdeckten Bauarbeiter verrostete Eisenteile, eine vernietete Bordwand, Klüsen und Teile der Schotten. Der Hamburger Seemann Kevin Axt, der sehr an Seefahrtgeschichte und der Hamburger Historie interessiert ist, machte das Museum für Hamburgische Geschichte aufmerksam, dass man die Chance hätte, einige Teile der „Athabasca" für die Nachwelt zu bergen. Immerhin war das Wrack Namensgeber für eine der wichtigsten Hamburger Umschlaganlagen geworden.

Die Resonanz war jedoch gering. So machte sich Kevin Axt in eigener Initiative auf den Weg zur Großbaustelle an der Elbe. Mit einigen Tricks drang er bis zum Wrack vor und konnte verrostete Teile bergen.

Eine vierkantige Schraube schenkte er dem Autor dieses Buches. So liegt ein Teil des Schiffes heute in dessen Vitrine neben einigen anderen maritimen Erinnerungsstücken.

Gerade die Form dieser Schraubenmutter aber zeigt, dass es sich wirklich um das Wrack der „Athabasca" handelt, was hin und wieder angezweifelt wird. Denn die vierkantige Schraubenform wurde bei später gebauten Schiffen durch die heute übliche sechskantige Form abgelöst.

Primus
Der fröhliche Ausflug der Liedertafel endete tödlich
1902

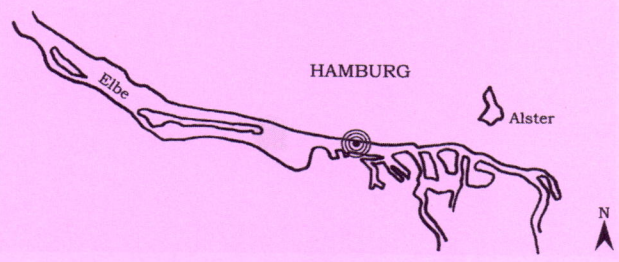

Tief lag der kleine Raddampfer im Wasser, er war an diesem Sonntag, dem 20. Juli 1902, völlig überladen. Statt der 172 Menschen, für die er zugelassen war, hatte er 206 Passagiere an Bord. Die allerdings waren in allerbester Stimmung, denn der Ausflugsdampfer „Primus" kehrte von einem fröhlichen Sonntagsausflug nach Cranz an der Este zurück. Nun fuhr er elbaufwärts Richtung Hamburger Hafen.

Es war ein Sommervergnügen, das sich viele der so genannten „kleinen Leute" an Bord nur selten leisten konnten. Sie gehörten der Liedertafel „Treue von 1887" des sozialistischen Arbeitersängerbundes aus Hamburg-Eilbek an und waren Arbeiter oder kleine Angestellte. Weil es ein schöner Sommertag war, und die Stimmung so gut, hatte sich der Ausflug in das Alte Land vor den Toren Hamburgs bis in die späte Nacht hineingezogen. Es war kurz nach Mitternacht, als Schiffer Johannes Peters den 1844 auf einer britischen Werft gebauten kleinen Raddampfer von der Este über die Elbe zur Nordseite steuerte. Der altersschwache Dampfer war ein-

Eine fröhliche Ausflugsfahrt wurde zur Katastrophe
Kellner Emil Eberhard rettete fünf Menschen, kam dann aber selber um
Ein Gedenkstein der Patriotischen Gesellschaft erinnert an das Unglück

mal das erste eiserne Dampfschiff auf der Elbe gewesen und als Sensation bestaunt worden. Jetzt hatte er mit einer Antriebsleistung von 25 PS Schwierigkeiten, gegen den starken Ebbstrom zu kämpfen. Nach alter und eingespielter Gepflogenheit wechselte Peters auf die Nordseite der Elbe, weil er dort geringere Strömung erwarten konnte. Außerdem wollte er am Nienstedtener Anleger Passagiere absetzen.

Die Bordkapelle spielte gerade den Gassenhauer „Nach Hause gehn'n wir nicht ...", da, 40 Meter vom Ufer entfernt, rammte der HAPAG-Seeschlepper „Hansa" die kleine „Primus". Der 1881 in Glasgow gebaute Schlepper hatte eine 500 PS starke Maschine.

Der große Schlepper riss den Rumpf des kleinen Ausflugsdampfers hinter dem Steuerbordrad auf. Sofort standen Flammen und Rauch über der Unglücksstelle, da das Feuer unter dem Kessel herausgeschleudert worden war.

Die ineinander verkeilten Schiffe kamen nicht sofort wieder voneinander frei.

Nach späteren Aussagen vor dem Seeamt schob die „Hansa" den Ausflugsdampfer noch näher zum Land, dann jedoch sackte die „Primus" schnell über das Heck auf den Grund.

An Bord der „Primus" gerieten die Menschen in Panik. 70 Ausflügler konnten auf die „Hansa" klettern, deren Besatzung Leinen über die Bordwand herabließ. Einige Menschen wurden über Bord geschleudert und konnten sich an der Landseite durch seichtes Wasser an Land retten. Manche waren unter Deck und hatten nach Ansicht von Überlebenden kaum Chancen, lebend aus dem Wrack herauszukommen.

Spätere Untersuchungen des Wracks durch Taucher ergaben jedoch, dass kaum Tote in den Räumen gefunden wurden.

Held des Tages war der Kellner Emil Eberhard, der unter Lebensgefahr fünf Passagiere aus den unteren Räumen rettete. Beim

Versuch, den sechsten zu retten, ertrank er selbst. Auch der Heizer ertrank vor den Feuerlöchern.

Der von Brunshausen kommende Dampfer „Delphin" der Hamburg-Harburger Dampfschiffsgesellschaft konnte Überlebende aufnehmen, bevor die vollgelaufene „Primus" knapp sieben Minuten nach der Kollision kenterte.

Ein weiteres Schiff, die Dampfbarkasse „Teut" hatte den gleichen Kurs wie die „Primus" gefahren, wurde jedoch nach Aussagen ihres Führers von dieser abgedrängt und strandete nahe des Nienstedtener Anlegers. Die zwei Mann Besatzung konnten deshalb keine Hilfe leisten.

Eine Hamburger Zeitung schrieb: „Die ganze Katastrophe erfolgte in so kurzer Zeit, dass die Vergnügungsdampfer, die gleich nach dem Zusammenstoß die Unglücksstelle passierten, nichts mehr von den herzzerreißenden Schreien der Unglücklichen vernahmen. Die volle Musik, mit der sie die Unglücksstelle durchfuhren, erklang ironisch zu dem von der Tücke der Strudel herbeigeführten Schicksal."

Kapitän Sachs von der „Hansa" hatte noch versucht, die „Primus" auf das Ufer zu schieben, musste dies aber aufgeben, weil sein Schiff zu viel Tiefgang hatte.

Der Staatsvermessungsdampfer „Elbe" stellte am nächsten Tag die genaue Position der gesunkenen „Primus" fest. Das Hamburger Bergungsunternehmen Beckedorf wurde mit der Bergung beauftragt und erstellte einen Bericht: „Das Schiff hat sich vollkommen umgedreht und liegt mit dem Boden nach oben. Masten und Schornstein sind abgebrochen."

Die Berger hoben das Wrack an und bugsierten es zwischen zwei Schuten elbaufwärts nach Waltershof. Der Steuerbordradkasten und das Rad waren abgerissen worden und ans Ufer getrieben.

Am 25. Juli, fünf Tage nach dem Unglück, wurden die Reste in Waltershof auf den Strand gesetzt. Zuvor hatten Taucher bereits festgestellt, dass an der Reling des Vorschiffs eine tote Frau eingeklemmt war. Sie konnte erst am 26. Juli unter starken Anstrengungen geborgen werden, wobei sich ein Mechaniker schwer verletzte.

Die Bilanz des Unglücks erschreckte das Deutsche Reich. 103 Menschen waren ums Leben gekommen. Noch Tage nach dem Unglück hatte die Elbe Tote ans Ufer geschwemmt.

Spendenaktionen, denen sich auch das deutsche Kaiserhaus anschloss, halfen die Not der Hinterbliebenen zu lindern. In der Nienstedtener Kirche und in anderen Kirchen Hamburgs und Altonas trafen sich Menschen zu Gedenkgottesdiensten.

Ganz Hamburg schien auf den Beinen zu sein, als der Trauerzug mit den Toten vom Lübecker Tor zum Ohlsdorfer Friedhof zog. 100.000 Menschen standen am Straßenrand, allein in Ohlsdorf harrten 60.000 Menschen aus. Im Trauerzug wurde die rote Fahne der SPD mitgeführt, viele Opfer hatten der Partei angehört. Noch bis in die Zwanziger Jahre hinein war die Partei Trägerin von Trauerveranstaltungen am Gemeinschaftsgrab der Opfer auf dem Ohlsdorfer Friedhof.

Das Seeamt in Hamburg untersuchte die Kollision. In der sechs Stunden dauernden Beweisaufnahme sagte Hermann Sachs, der Kapitän des Schleppers, er hätte gegen Mitternacht den Hamburger Hafen verlassen, um bei Brunshausen liegende Leichter zurück nach Hamburg zu bugsieren. Er und sein Steuermann seien auf der Brücke gewesen, als sie in Nähe der Elbschlossbrauerei an Backbord voraus zwei rote Positionslampen sichteten. Die drei Fahrzeuge befanden sich also auf dem jeweils richtigen Kurs und hätten einander problemlos passieren können. Plötzlich sei jedoch auch das grüne Positionslicht der Primus zu sehen gewesen. Der entgegenkommende kleine Dampfer hatte also seinen Kurs unerwartet nach Backbord geändert und war so vor den Bug der „Hansa" gelaufen. Der Führer der „Primus" stritt das aber ab. Er sagte, das Fahren auf der Nordseite sei an dieser Stelle der Elbe durchaus üblich und nicht verboten, der Kapitän der „Hansa" hätte also mit einem entgegenkommenden Schiff rechnen müssen. Auch der Fluss-Dampfschiffer-Verein bestätigte dies als normales Verhalten. Außerdem habe die „Hansa" angesichts des Wechsels der Positionslichter weder die Fahrt verringert, noch Warnsignale gegeben.

Das Seeamt aber widersprach der Auffassung. Nach den geltenden Gesetzen hätte die „Primus" an der Stelle nicht fahren dürfen. Es sprach die Schuld an dem Unglück in erster Linie „Primus"-Kapitän Peters zu. Später kursierte in Hamburg die Legende, er hätte sich erschossen. Dies stimmt aber nicht.

Die Schifffahrtszeitschrift „Hansa" kritisierte später den Spruch des Seeamtes. Es sei nicht darauf eingegangen, dass an Bord der „Primus" unzureichende Rettungsmittel waren. Es gab nur zwei Korkringe und ein Beiboot. Außerdem soll die Besatzung der „Primus" nach mehr als 18 Stunden Dienst völlig überlastet gewesen sein.

~

Zur Erinnerung an die Opfer der Primus-Katastrophe, die auf dem Zentralfriedhof in Hamburg-Ohlsdorf liegen, hat die Hamburger „Patriotische Gesellschaft von 1765" am Elbufer in Nienstedten einen Gedenkstein errichtet. Die Inschrift erinnert besonders an die Rettungstat des Kellners Emil Eberhard. Die „Primus" wurde nach dem Unglück repariert, auf den Namen „Buxtehude" umbenannt und fuhr noch bis 1910. Dann wurde sie verschrottet.

Polstjernan
Die Entscheidung der Versicherung steht noch heute aus
1926

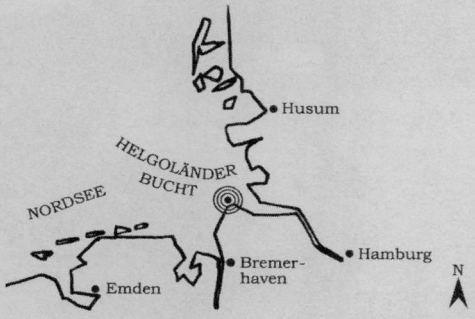

Die Steven halten die Schiffsplanken längst nicht mehr zusammen, jede Flut spült über den zerfallenen Rumpf am Falkensteiner Ufer in Hamburgs Vorort Blankenese. Das hölzerne Wrack entfacht die Phantasie der Elbspaziergänger immer wieder neu. Es erinnert an die Zeit, als an dieser Stelle um die Wende vom 19. zum 20. Jahrhundert die Bergung von Schiffen Teil einer Unterhaltungsschau war.

Damals waren Ausflüge von Hamburg aus mit dem Dampfer zu Harmstorf am Falkensteiner Ufer beliebt. So beliebt wie die Völkerschauen bei Hagenbeck oder die szenische Darstellung großer Schlachten auf dem Hamburger Dom. Das Publikum war noch nicht von Actionfilmen und Reality-TV verwöhnt.

Auf dem Gelände von Friedrich Matthias Harmstorf gab es immer etwas zu sehen, was die Sensationslust befriedigte. Schon neben dem Landesteg, der zum Ausflugslokal und Hotel mit dem Namen „Hotel zum Falkenstein" führte, lagen meist einige Schiffswracks als Zeugen von Strandungen im schwierigen Fahrwasser

Taucher Harmstorf: Ein beliebtes, wenn auch leicht makabres Ausflugsziel
Noch heute ist das Wrack der „Polstjernan" am Elbufer zu sehen

der Elbe und ihrer Mündung. Das Unternehmen Harmstorf hatte sie geborgen und schlachtete sie aus.

1861 hatte Friedrich Matthias Harmstorf sein Unternehmen im Hamburger Hafen begonnen, dann aber erkannt, dass er an der Unterelbe näher an seinen elbabwärts gelegenen Einsatzorten war und es deshalb 1877 nach Blankenese verlegt.

Der Firmeninhaber begenügte sich schon bald nicht mehr damit, Schiffe zu bergen. Wenn seine Taucher nicht gerade Wracks beseitigten, dann stiegen sie mittwochs und sonntags in ihre wasserdichten Monturen, um in einem Bassin Zuschauern die Abenteuer ihres Berufes vorzuführen. Da Sensationen sich auch zu jener Zeit schon schnell abnutzten, waren ständige Steigerungen und neue Ideen gefragt. Es ging schließlich so weit, dass ein Maler unter Wasser regelmäßig Bilder anfertigte. Außerdem gab es zweimal in der Woche ein Prachtfeuerwerk, Konzerte und Akrobatik. Für die Musikdarbietungen sorgten 50 bis 60 Schüler einer Harburger Musikschule. Die Gäste kamen aus aller Welt, wer auch immer Hamburg besuchte, fuhr mit dem Dampfer zu Taucher Harmstorf.

Der Erste Weltkrieg machte Schluss mit dem Showrummel, 1918 wandten sich die Harmstorfs wieder ganz dem Tauch- und Bergungsgeschäft zu. Die letzte Blütezeit erlebte das Unternehmen nach dem Zweiten Weltkrieg, als es die zerbombten Wracks des Krieges aus dem Hafen beseitigte. Dabei erzählt man sich noch heute, wie die Taucher von der englischen Kommandantur beauftragt wurden, einen Dampfer zu heben. Sie sollten dafür nicht bezahlt werden, sondern die Ladung als Bergelohn behalten können. Es ist heute nicht mehr nachzuvollziehen, ob die Engländer wussten, was in den Laderäumen gestaut war. Der Dampfer hatte nämlich Zucker an Bord. Und der hätte sich eigentlich im Wasser schon längst aufgelöst haben müssen.

Doch die Taucher erlebten eine Überraschung. Lediglich eine dünne Außenschicht war vom Wasser verhärtet worden und hatte die Sackinhalte vor dem Auflösen bewahrt. Vertragsgemäß behielten die Taucher den Zucker und feixten sich eins. Denn die Ware hatte zu jener Zeit einen erheblichen Schwarzmarktwert. Man durfte sich nur nicht von den Engländern beim Verkauf erwischen lassen.

Aber zurück zu dem halb zerfallenen hölzernen Rumpf am Falkensteiner Ufer. Er gehört zu dem finnischen Dreimastschoner „Polstjernan", der im Oktober 1926 mit einer Ladung Holz auf dem Weg nach England den Nord-Ostsee-Kanal passierte. Im Kanal zu segeln ist verboten, die Schiffe hätten nicht genug Raum. Die „Polstjernan" benötigte trotzdem keinen Schlepper, sondern ließ ihren Zweizylinder-Glühkopfmotor tuckern, der sie mit eigener Kraft Richtung Brunsbüttel schob. Draußen in der Elbmündung würde man wieder Segel setzen.

Der Kopf solcher Motoren wurde mit einer Lötlampe erhitzt, bis er tatsächlich glühte. Dann drehte man mit einer Kurbel die Zylinder bis zur ersten Kompression hoch. Der Treibstoff erhitzte sich an dem heißen Kopf und die Fahrt begann. Die Köpfe wurden von den regelmäßigen Explosionen immer glühend gehalten.

Dieses Glühen wurde dem Holzfrachter am 20. Oktober zum Verhängnis. Das geladene Kistenholz setzte sich in Brand. Im Kanal würde das brennende Schiff ein schweres Hindernis sein, deshalb spannte ein Cuxhavener Schlepper sich vor, taute den brennenden Segler durch die Schleusen von Brunsbüttel und setzte ihn in der Nähe des Feuerschiffs „Elbe 2" vor Grimmershörn auf Sand. Das gerade vorüberkommende Hamburger Motorschiff „Waltraud Horn" konnte die Besatzung vollständig retten. Es war ein neues Motorschiff, das die Hamburger Reederei Horn-Linie gerade erst in Dienst gestellt hatte und das von seiner ersten Karibikreise zurückkam. Das brennende Schiff überließ man zwischen Kugelbake und Alter Liebe zunächst seinem Schicksal.

Erst eine Woche später erteilte die zuständige Versicherung den Hamburger Schlepperunternehmern Jordan & Silberbauer den Auftrag, das Schiff zu bergen und die Ladung zu retten. Gemeinsam mit den Fachleuten von Harmstorf wollte man die Rettung versuchen.

Am Montag – das Schiff brannte immer noch – gingen der Hamburger Schleppdampfer „Condor" und ein Tauchprahm bei der „Polstjernan" längsseits und begannen mit dicken Wasserstrahlen das Feuer zu löschen. Eindringendes Löschwasser setzte den Segler langsam unter Wasser, so dass Lenzpumpen auf dem Prahm ihn ersteinmal wieder schwimmfähig machen mussten.

Gegen Mittag spannte „Condor" an, der Tauchprahm blieb längsseits, weil seine starken Pumpen noch immer gebraucht wurden, um die „Polstjernan" über Wasser zu halten. Der Schleppzug kam mit der auflaufenden Tide bis zum Falkensteiner Ufer und ließ dort am Gelände von Harmstorf ersteinmal die Anker fallen. Man wartete auf weitere Anweisung der Versicherer. Die Antwort kam am Mittwoch früh: „Schiff dort liegen lassen. Es wird über dasselbe verfügt."

Das war das letzte, was man von der Versicherung hörte, denn es stellte sich heraus, dass die „Polstjernan" nach dem Einbau des Glühkopfmotors nicht mehr ordnungsgemäß versichert war.

Die nächste auflaufende Tide schob den Segler, dessen Vorschiff tief im Wasser lag, weiter auf den Sandstrand. Dort lag er mit starker Schlagseite und musste mühsam wieder aufgerichtet werden. Um weniger Topgewicht zu haben, nahm man die Stengen, die oberen Teile der Masten, herunter.

Weil er bei Hochwasser immer wieder aufschwamm, wurde der Rumpf der „Polstjernan" schließlich mit Steinen aufgefüllt und liegt seither als Wellenbrecher vor dem Ufer. Die beiden Zylinder des

Glühkopfmotors, der das Schicksal des Schiffes besiegelte, sind noch heute deutlich zu erkennen.

~

Wer genau hinsieht, kann im Hamburger Stadtteil Blankenese neben dem hölzernen Wrack weitere Spuren des einst beliebten Ausflugszieles „Taucher Harmstorf" erkennen. An der Ecke Strandweg/Falkentaler Weg, nur wenige Schritte von dem Wrack der „Polstjernan" entfernt, steht das ehemalige „Hotel zum Falkental". Es ist heute ein Wohnhaus. Dahinter befindet sich ein tiefer gelegener Parkplatz. Das ist das ehemalige Becken für die Tauchervorführungen.

Eine Reederei Harmstorf gibt es in Hamburg noch immer, sie beschäftigt sich aber nicht mehr mit Bergung.

Marianne
Leichtsinn auf einem Tankschiff voll Benzin
1955

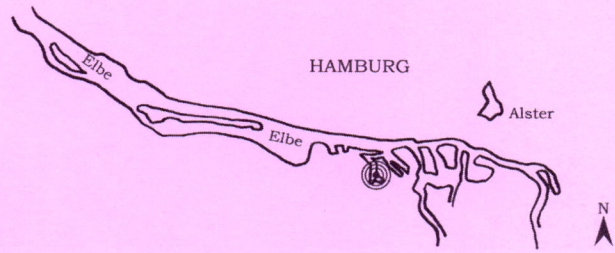

„Großbrand im Hamburger Hafen. Tankschiff in Flammen!" Von den Zeitungsausrufern in der Innenstadt erfuhren die Hamburger am 21. Mai 1955 zum frühen Nachmittag von dem Drama im Hafen. Das „Hamburger Abendblatt" erschien damals noch wirklich als Abendzeitung und berichtete deshalb schon am selben Tag, was sich am Vormittag an Brücke 5 des Petroleumhafens abgespielt hatte.

Das mit 669 BRT vermessene Tankschiff „Marianne" übernahm vor dem Gelände der BP-Raffinerie 950 Tonnen Benzin – alles in allem knapp eineinhalb Millionen Liter. Die Ladung sollte über Rotterdam rheinaufwärts nach Mannheim und Karlsruhe gebracht werden.

An Bord der „Marianne" waren an diesem Vormittag zwölf Menschen, darunter zwei Frauen. Es waren die Ehefrauen des Ersten und Dritten Offiziers, die den kurzen Aufenthalt in Hamburg nutzten, um ihre Männer zu besuchen. Zuvor war die „Marianne" noch in Stockholm gewesen.

Nicht nur Wasser, auch Feuer an Bord bedrohte zu allen Epochen die Schifffahrt

Ein dicker, mit einer Metallspirale umwickelter Schlauch pumpte das hochexplosive Benzin in den Tanker, zuerst liefen die Tanks „Drei" bis „Sechs" voll. Dann folgten „Sieben" und „Acht". Die Offiziere der „Marianne" beobachteten den Vorgang, während sie mit ihren Ehefrauen sprachen. Außerdem stand an der Ladebrücke ein Mitarbeiter der Raffinerie, der die Schlauchverbindung im Auge behielt. Er sollte sofort die Benzinzufuhr schließen, wenn der Schlauch undicht werden oder die Verbindung sich lösen sollte. Das musste schnell gehen, denn ausgelaufenes Benzin bildete zusammen mit Luft ein hochexplosives Gemisch.

Um 9.35 Uhr verließ der Mann jedoch seinen Posten. Der Leitende Ingenieur der „Marianne" hatte ihn aufgefordert, ihm je eine Probe des Ladungsbenzins und des Dieselöls zu bringen, das achtern als Treibstoff für das Schiff durch einen zweiten Schlauch in die Betriebstanks des Schiffes gepumpt wurde.

So war niemand auf der Ladebrücke, als der Pumpenmann auf der „Marianne" das Zeichen gab, auf die Tanks „Neun" und „Zehn" umzuschalten.

Plötzlich brach aus ungeklärter Ursache der Flansch am Anschlussstutzen des Schiffes. Da niemand sofort den Sicherheitsschieber schloss, presste das Benzin weiterhin mit einem Druck von sechs atü aus dem Schlauchende, das wild hin und her schleuderte. Das herausschießende Benzin sprühte über das gesamte Achterdeck des Tankers.

In diesem Augenblick passierte der Schlepper „DW 9" der Deutschen Werft in Finkenwerder die „Marianne". Er sollte Schmieröl aus dem Petroleumhafen zur Werft bringen. An Bord waren Schiffsführer Johann Marquard, Maschinist Ludwig Ernst und Decksmann Erich Meyer. Sie erlebten aus unmittelbarer Nähe, wie aus dem Ladedeck des Tankers zwischen Brücke und Maschinenhaus plötzlich mit heulendem Getöse eine riesige Stichflamme emporschoss. Die sengende Hitze traf Schiffer Marquard voll im Gesicht,

Decksmann Meyer brachte sich mit einem Sprung hinter eine Abdeckung an der Reling außer Gefahr. Trotz allem bemerkten sie noch, wie sich die Raffineriemitarbeiter hastig in Sicherheit brachten. Von einem 20 Meter hohen Tankkessel in der Nähe der Ladebrücke flüchteten Arbeiter über eine Leiter. Wer nicht schnell genug abwärts kletterte, dem traten die Nachfolgenden erbarmungslos auf die Finger. Wenn der Tank in die Luft flog, dann würde man von ihnen noch nicht einmal mehr einen Hosenknopf finden.

Auch Schlepperführer Marquard dachte zunächst an Flucht, riss das Ruder herum und versuchte seinen Schlepper so schnell wie möglich aus der Gefahrenzone zu bringen. Der unmittelbar hinter der „Marianne" liegende Tanker „Klaus S." warf in Eile die Leinen los. Sprang das Feuer auch auf ihn über, würde eine Kettenreaktion die ganze Raffinerie erfassen.

Dann donnerte es zweimal kurz hintereinander durch den Hafen. Zwei der mit Benzin gefüllten Tankräume waren explodiert. Eine Stichflamme schoss in den Himmel und eine weitere Hitzewelle breitete sich aus. Dreihunderttausend Liter Benzin flogen in die Luft, siebenhunderttausend waren noch an Bord.

Die Führer der beiden Feuerlöschboote im Petroleumhafen und in Finkenwerder sahen die Stichflamme und warteten gar nicht erst auf einen Alarm. Mit voller Fahrt nahmen sie Kurs auf die Unglücksstelle. Auch Schlepperkapitän Marquard drehte sein Schiff und fuhr zur Unglücksstelle zurück. Er hatte Menschen entdeckt, die im Wasser trieben. „Es nützt alles nichts, wir müssen hin!" rief er dem Decksmann zu.

Erich Meyer zog eine Frau aus dem Wasser. Sie schrie in Panik: „Wo ist mein Mann?" Es war die Frau des Ersten Offiziers, der zu dieser Zeit schon nicht mehr lebte. Aber das wusste auf dem Schlepper niemand.

Nach und nach holte Meyer fünf Menschen ins Trockene. Auch die Besatzung des ersten Feuerlöschbootes zog Menschen aus dem

Wasser. Darunter war die Ehefrau des Dritten Offiziers, die von der Glutwelle über Bord geschleudert worden war und schwere Brandwunden erlitten hatte. Der Schlepper übernahm auch sie und dampfte zum Anleger von Neumühlen hinüber, wo bereits ein Krankenwagen auf die schwer Verletzte wartete. Sie kam sofort in ein Krankenhaus.

Die Arbeiten der Löschboote waren dramatisch. Auslaufendes Benzin breitete sich brennend auf dem Wasser aus. Glücklicherweise stand der Wind günstig, so dass die Flammen nicht so schnell auf das Vordeck des Tankers übergreifen würden.

Ein Feuerlöschboot ging bei dem brennenden Tanker längsseits, um anzulegen. Dabei sah einer der Feuerwehrleute, wie vor ihm zwei Hände aus dem Wasser ragten. Noch bevor sie versanken, hatte er zu einem Bootshaken gegriffen.

Der Haken verfing sich an einer Schulterklappe. Einer der Feuerwehrleute war unbemerkt über Bord gefallen und konnte im letzten Augenblick vor dem Ertrinken gerettet werden. Der Führer des Löschbootes enterte auf das brennende Schiff. Auf dem Vordeck sah er, dass alle vier Kontrolllöcher offen standen und die Sicherungssiebe herausgenommen waren. Er langte mit der Hand in einen der randvoll gefüllten Tanks und stellte fest: Das Benzin hatte sich gefährlich erwärmt. Aus einem Peilloch schlugen bereits Flammen hoch. Er konnte sie jedoch durch schnelles Zuklappen des Deckels ersticken.

Die zwei Wasserrohre und das eine Schaumlöschrohr des Löschbootes konnten wenig gegen das Flammeninferno anrichten. Das Wasser verdampfte angesichts der Hitze und der Schaum flog durch den Druck wirkungslos davon.

Einem mutigen BP-Mitarbeiter war es jedoch trotz der Hitze mittlerweile gelungen, den Sperrschieber an der Ladebrücke zu schließen. So ergoss sich kein weiteres Benzin auf das brennende Schiff.

Mittlerweile waren die Werksfeuerwehr und alle Wehren der umliegenden Wachen am Petroleumhafen eingetroffen. Gemeinsam deckten sie das Schiff mit einem Teppich aus Kohlensäureschaum zu, um die Flammen zu ersticken. Schließlich quoll nur noch aus einem Loch im Achterschiff dichter Rauch. Ein Feuerwehrmann wollte näher an das Loch heran, um gezielt zu löschen. Da verschwand er plötzlich vor den entsetzten Augen seiner Kameraden. Sie wollten den Mann so schnell wie möglich wieder herausfischen, dabei entstand ein Loch in der Schaumdecke, aus dem sofort wieder eine Stichflamme emporschoss. Sie setzte mit ihrer Hitze die Uniformen der Feuerwehrleute in Brand. Mit schnellem Wassereinsatz vom Boot aus wurden sie gelöscht. Den Feuerwehrmann in dem Tank aber konnten sie später nur noch tot bergen.

Nach dem Ende der Löscharbeiten wurden fünf Menschen vermisst. Die verkohlten Leichen des Kapitäns, des Ersten Offiziers, des Leitenden Ingenieurs und eines Beamten der Wasserschutzpolizei wurden gefunden. Nur der Schiffsjunge fehlte noch. Er tauchte gegen 15 Uhr aus dem Niedergang zum Mannschaftslogis auf, sah sich verwundert und schlaftrunken auf dem Schiff um und meinte nur vorwurfsvoll: „Bei sowas muss man doch geweckt werden." Nach fast 30 Stunden langem Wachdienst war er völlig übermüdet in die Koje gekrochen und hatte alles verschlafen. „Ich habe es nur einmal bumsen hören, mir aber nichts dabei gedacht und weitergeschlafen." Wand an Wand mit einigen Tausend Litern Benzin, die schon zu warm geworden waren und jederzeit explodieren konnten.

~

Spätere Untersuchungen von Brandermittlern ergaben, dass auf dem Schiff fahrlässig gehandelt worden war. In der Kombüse stand ein Ofen voller Koksglut, obgleich es verboten war, während der Lade- und Löscharbeiten mit offenem Feuer zu hantieren. Der zur Überprüfung abgestellte Wasserschutzpolizist hatte sie jedoch nicht beanstandet.

Wiedau und Uwe
Rettung kam aus dem Altersheim
1975

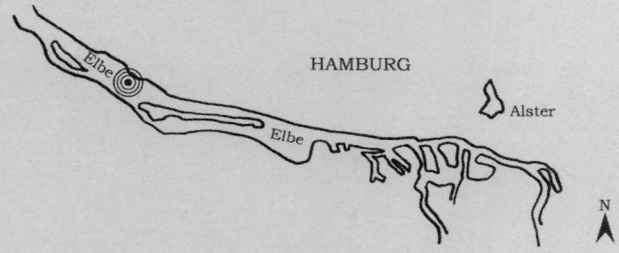

Drei Mann standen auf der Brücke des Frachters „Wiedau", als dieser am 19. Dezember 1975 gegen 17 Uhr elbabwärts fuhr: der Kapitän, ein Elblotse und der Zweite Offizier, der das Ruder bediente. Die Drei starrten über die Back voraus auf eine dichte undurchdringliche Wand. Es war nicht nur dunkel, über der Elbe lag auch dichter Nebel. Teilweise konnte man nur 50 Meter weit sehen. Die „Wiedau" hatte in Hamburg Stückgut für dänische Häfen übernommen, darunter eine Partie von 670 Tonnen Kupfer.

Das Radargerät lief, außerdem standen die drei Männer über Funk in Kontakt mit der Radarzentrale an Land, die den Verkehr auf der Elbe beobachtete. Auf dem Radargerät der „Wiedau" erkannte der Elblotse ein mitlaufendes Signal, es handelte sich um das langsamer fahrende Binnenschiff „Uwe". Es erschien dem Lotsen ungefährlich, in Höhe von Blankenese zu einem Überholmanöver anzusetzen, obgleich ihnen zwei Schiffe entgegenkamen. Aber die beiden angezeigten Signale lagen deutlich auf ihrer Seite des

Das Wrack der „Uwe" liegt noch heute unübersehbar vor Blankenese

Fahrwassers und auch das Binnenschiff hielt sich nahe an seiner rechten Fahrwasserbegrenzung.

Als die „Wiedau" querab des Binnenschiffes war, kam das eine Echo auf dem Radarschirm unvermittelt direkt auf sie zu. Es war der polnische Frachter „Mieczyslaw Kalinowski". Plötzlich erkannte der Lotse auf der „Wiedau" schon die Positionslichter des Polen voraus. Er gab das Kommando: „Voll zurück". Auch der Lotse auf dem anderen Frachter hatte das Echo der „Wiedau" auf seinem Radarschirm erkannt und gab das gleiche Kommando.

Aber es war bereits zu spät. Die „Mieczyslaw Kalinowski" traf die „Wiedau" auf der Backbordseite des Vorschiffs. Die „Wiedau" erhielt einen starken Stoß nach Steuerbord und wurde danach noch einmal an der Backbordseite der Kommandobrücke getroffen. Als Folge dieser Ablenkung drehte sich die „Wiedau" nun in den Kurs des mitlaufenden Binnenschiffes „Uwe", das sie gerade überholt hatte. Ihr Steven traf das tief im Wasser liegende Binnenschiff in der Mitte und trennte es glatt durch. Der Schiffsführer der „Uwe" hatte die Gefahr noch auf sich zukommen sehen, auch versucht, mit einem schnellen Rudermanöver der Katastrophe zu entgehen, schließlich blieb ihm aber nur noch übrig, den Matrosen im Vorschiff über die Kommandoanlage so schnell wie möglich nach achtern zu beordern, um das Beiboot klarzumachen.

Der Matrose schaffte es zwar, das Boot klar zu bekommen, doch seinem Schiffsführer half das nicht mehr. Denn der konnte sich nur knapp aus dem Ruderhaus seines sinkenden Schiffes befreien und trieb nun im eiskalten Wasser der Elbe, wobei er sich an das hölzerne Dach des Ruderhauses klammerte, das sich losgerissen hatte und im Wasser schwamm. Wenig später zog er sich auf die „Wiedau", die sich inzwischen stark auf die Seite gelegt hatte.

Als die „Wiedau" völlig kenterte, sprangen 16 Männer des Schiffes in das eiskalte Wasser und schwammen zum Schiffsanleger von Wittenbergen. Dort standen bereits Menschen, die der Krach aufgeschreckt hatte. Sie waren aus einem Altersheim in der Nähe gekommen, weil sie den Lärm der doppelten Kollision gehört hatten. Nun führten sie die durchnässten und ausgekühlten Seeleute in ihr Haus und versorgten sie ersteinmal mit heißen Getränken und einer Suppe.

Der Schiffsführer der „Uwe", dem nun zum zweitenmal innerhalb einer Stunde ein Schiff unter den Füßen wegsackte, wurde zusammen mit dem Lotsen und einigen Besatzungsmitgliedern, die nicht ins kalte Wasser springen wollten, mit einem Privatboot gerettet, das, statt im Winterlager, noch am Anleger Wittenbergen lag und dessen Besitzer sofort Kurs auf die Unglücksstelle genommen hatte.

In den letzten Minuten vor dem Zusammenstoß hatten sich dramatische Szenen abgespielt. Ein türkischer Decksmann hatte als Ausguck auf dem Vordeck gestanden, als er plötzlich den Steven der „Mieczyslaw Kalinowski" direkt auf sich zukommen sah. Er rannte nach achtern, aber da bohrte sich auch schon der Steven in die „Wiedau". Der Fuß des Matrosen wurde dabei zwischen Stahlteilen eingeklemmt. Hilflos musste er zusehen, wie sein Schiff immer tiefer sackte, ohne dass er sich befreien konnte. Da sah er den Ingenieur auf sich zukommen. Er hatte eine Trennscheibe in der Hand, doch bevor er zur Rettung ansetzen konnte, versank das Vorschiff. Der Matrose versank mit in den Fluten, nur der Ingenieur konnte sich retten.

Ein 21 Jahre alter Matrose aus Österreich, der sich bereits ans Elbufer gerettet hatte, hörte plötzlich draußen auf dem Wasser Schreie. Er erkannte die Stimme seines türkischen Bordkameraden, von dem er wusste, dass dieser Nichtschwimmer war. Ohne zu zögern stieg er noch einmal in das nur ein Grad warme Elbwasser, schwamm zu der Stelle, an der er die Stimme gehört hatte, und zog ihn an Land. Bei der Rückkehr wurden beide schon von Bewohnern des Altenheims in Empfang genommen und ins Warme gebracht.

Die „Mieczyslaw Kalinowski" ließ sofort nach der Kollision ihren Anker fallen. Nachdem der Kapitän erfahren hatte, dass alle Schiffbrüchigen gerettet worden waren und die Wasserschutzpolizei die Elbe wieder freigegeben hatte, ließ er den Anker aufnehmen und setzte seine Reise nach Hamburg fort. Die zwölf Passagiere auf dem polnischen Schiff hatten von dem Vorfall kaum etwas mitbekommen.

~

Das Seeamt stellte später in seiner Verhandlung fest, die Schiffe „Mieczyslaw Kalinowski" und „Wiedau" seien aus nicht geklärter Ursache bei schlechter Sicht und entgegenkommendem Kurs zur Fahrwassermitte geraten. Die auf beiden Seiten nach Erkennen der Gefahr angeordneten Ausweichmanöver hätten keinen Erfolg mehr gehabt. Ein schuldhaftes Verhalten sei keinem der Schiffsführer nachzuweisen.

~

Am Stammtisch im Blankeneser Schifferhaus – einem Lokal mit maritimem Ambiente am Strandweg – erzählte man, der Aufschrei einer Frauenstimme sei deutlich aus der Achterkajüte gehört worden, als sich der Steven der „Wiedau" in die „Uwe" bohrte. Eine Frau aber war nach der Kollision nicht geborgen worden. Die Story wurde so erzählt, dass sie einem Wasserschutzpolizisten, der nach Dienstschluss sein Bier im Schifferhaus trank, zu Ohren kommen musste. Gewohnt, dass der Küstenklatsch oft mehr wussste als die Behörden, ordnete er eine dienstliche Untersuchung an. Ein Taucher rückte an, um die Räume im Achterschiff der halb aus dem Wasser ragenden „Uwe" zu untersuchen. Als er wieder auftauchte, hielt er eine dicht verkorkte Flasche in der Hand, in der deutlich ein Zettel zu erkennen war. Hatte ein eingeschlossenes Opfer in seiner

Verzweiflung eine letzte tragische Nachricht hinterlassen? Unter dienstlicher Aufsicht zerschlug der Taucher die Flasche. Gespannt lasen sie die Nachricht: „Die hat der Klabautermann schon geholt" war dort zu lesen. Die Handschrift war nicht eindeutig zuzuordnen. Die Flasche aber gehörte zu einer Sorte, die im „Schifferhaus" gern getrunken wird. Doch davon werden täglich viele produziert... Was bewies das schon?

~

Die spektakulärsten Havarien auf der Elbe in den zurückliegenden Jahren forderten glücklicherweise keine Todesopfer. Aber sie zeigen, dass auch Flussfahrten mit Seeschiffen ihre Tücken haben können.

Am Sonnabend, dem 25. Juli 1981, schreckte ein Knirschen und Krachen die Bewohner von Oevelgönne aus ihrer beschaulichen Wochenendruhe. Der Tanker „Afran Zenith" war aus dem Ruder gelaufen und vor Oevelgönne gestrandet. Aus einem Riss im Rumpf quollen 400 Tonnen Öl in die Elbe. Der Wind trug eine übelriechende explosive Gasmischung am Elbufer entlang. Ein Kubikmeter eines solchen Öl-Luftgemisches hat die Sprengkraft von einem Kilo Dynamit. Die Polizei sperrte die Wanderwege entlag des Ufers, forderte die Bewohner auf, in ihren Häusern zu bleiben und die Feuerwehr legte Ölsperren rund um das Schiff. 14 Schlepper schafften es, den inzwischen abgedichteten Tanker vom Strand zu ziehen und wieder manövrierfähig zu machen.

Der Unfall hatte aufgezeigt, dass es in Hamburg um Vorkehrungen gegen solche Unfälle schlecht bestellt war. Und auch danach sorgte man sich mehr darum, zu hohe Sicherheitsauflagen und zu starke Kontrollen könnten Kunden im Hamburger Hafen verprellen. Die Sicherheit der Bürger trat dahinter zurück. Mit der Stationierung eines speziellen Schiffes zur Bekämpfung von Ölunfällen jedenfalls ließ die Stadt sich Zeit. Es kam erst 20 Jahre später, im Sommer 2002.

~

Der 7. März 2002, ein Donnerstag, begann beschaulich auf dem Ponton am Anleger Teufelsbrück. Die Mitarbeiter vom Café Engel bereiteten sich auf die ersten Mittagsgäste vor, einige Spaziergänger sahen den vorüberfahrenden Schiffen nach. Das 130 Meter lange Massengutschiff „Kasteelborg" passierte gerade den Anleger, als die Sicherheitsautomatik die Maschine abschaltete. Ein Messfühler hatte eine Überhitzung gemeldet. Nur 15 Sekunden dauerte es, bis der Notdiesel ansprang, doch das war zu lange. Das Schiff lief auf den Teufelsbrücker Anleger zu. Restaurantmitarbeiter und Spaziergänger versuchten sich in Sicherheit zu bringen, doch das Schiff war schneller. Obgleich Kapitän und Lotse noch versucht hatten, die Anker fallen zu lassen, krachte es in den Anleger. Verletzt wurde glücklicherweise niemand, aber einige Menschen mussten mit Feuerwehrbooten von dem Ponton gerettet werden. Der Aufprall hatte die Zugangsbrücken zerstört.

NIOBE
AN EINEM SOMMERTAG FIEL DIE TÖDLICHE BÖE EIN
1932

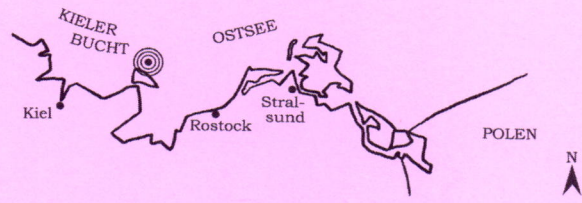

Es herrschte ein sommerlich heiteres Wetter, an Bord lief der übliche Ausbildungsbetrieb, als das Verderben fast aus heiterem Himmel das deutsche Segelschulschiff „Niobe" traf und 69 Menschen in den Tod riss.

Dabei hatte der Tag so gut begonnen. Die Nacht hatte das Schiff in Sichtweite des Leuchtfeuers Flügge auf Fehmarn vor Anker verbracht, am Morgen des 26. Juli 1932 nahm es den Anker auf und die Kadetten setzten bei einem frischen Wind aus Südsüdwest die Segel. Der Wind nahm zu – auf Stärke vier bis fünf – es war ein idealer Segelwind. So ließ Kapitänleutnant Ruhfuß auch alle Rahsegel setzen, die obersten Segel an Fock- und Großmast. Diese Segel hatte die „Niobe" erst zehn Jahre zuvor erhalten, vorher war sie noch als reiner Schoner getakelt gewesen. Sie hatte also weniger Segelfläche im Topp. Aber die Marine war der Meinung, ein Segelschulschiff müsse auch Rahsegel führen und es deshalb umriggen lassen.

Der Untergang der „Niobe" stellte den Sinn von Segelschulschiffen in Frage

Um die Mittagszeit passierte die „Niobe" das Feuerschiff „Fehmarnbelt" mit nur einer halben Seemeile Abstand. Das Ziel war Warnemünde. An Bord lief der normale Ausbildungsbetrieb, am Nachmittag saß die Backbordwache in den Schulungsräumen unter Deck und hatte theoretischen Unterricht. Wegen der sommerlichen Wärme waren sämtliche Bullaugen geöffnet, um etwas Durchzug zu haben.

Kapitänleutnant Ruhfuß sah über Fehmarn eine dunkle Wolke heraufziehen und reagierte umsichtig. Er befahl einigen Kadetten aufzuentern und die oberen Rahsegel zu bergen. Weitere Vorsichtsmaßnahmen schienen zu diesem Zeitpunkt nicht notwendig zu sein.

Gegen 14.25 Uhr sprang der Wind plötzlich von Süd auf Südwest und frischte schnell bis Stärke sieben, kurz danach bis neun auf. Eine dieser Böen traf die „Niobe" so hart, dass sie weit nach Backbord überholte. Der heftige Wind hatte das Schiff voll von der Seite gepackt. Aber anders als bei üblichen Gewitterböen ließ dieser Windstoß nicht nach einigen Augenblicken nach, so dass die „Niobe" sich wieder hätte aufrichten können. Diese Böe behielt ihre Stärke und drückte sie weiter auf die Seite. Da die Bullaugen offen standen, drang sofort Wasser ein. Es schnitt den Kadetten und ihren Ausbildern den Weg ins Freie ab. Auch durch die offenen Niedergänge strömte Wasser ins Schiff und riss jene zurück, die sich aus den Schulungsräumen bis zu den Niedergängen retten konnten. Sie hatten keine Chance.

Es ging blitzschnell, nach drei, vielleicht fünf Minuten war die „Niobe" gesunken. Die Marinesoldaten an Deck hatten sich mit einem raschen Sprung ins Wasser vor dem Strudel des untergehenden Schiffes gerettet.

Die Wache auf dem Feuerschiff „Fehmarnbelt" hatte dem schönen Segelschulschiff noch eine Weile hinterhergesehen, nachdem es die Position passiert hatte. Nun wurde sie Augenzeuge des Kenterns. Sie setzte sofort Boote aus, die Kurs auf die Untergangsstelle nahmen. Außerdem gab man über Funk Alarm. Nach kurzer Zeit waren der Hamburger Frachter „Therese Ruß", deutsche Marineschiffe und ein dänisches Wachboot an der Unglücksstelle. Doch von der „Niobe" fanden sie keine Spur mehr, nur ein großer Ölfleck trieb auf dem Wasser und dazwischen schwammen – nur zum Teil mit angelegten Rettungswesten – die Überlebenden. 40 Mann der 109 Mann starken Besatzung konnten gerettet werden.

Im unweigerlich folgenden Kriegsgerichtsverfahren wurden Kommandant Ruhfuß und sein Wachoffizier freigesprochen. Ihr Verhalten und ihre Anordnungen hatten nicht schuldhaft zu dem Unglück beigetragen. Der plötzliche Wetterwechsel und die unerwartet starken Böen wurden als höhere Gewalt eingestuft.

~

Trotz des entlastenden Seeamtsspruches war das Unglück vielleicht doch nicht unausweichlich. Das Schiff war ursprünglich als Viermastschoner gebaut worden. Erst 1922 hatte man es zur Schonerbark umgebaut, die große und breite Segelflächen weit oben trug. Die ursprüngliche konstruktive Einheit zwischen Rumpf und Takelage war damit möglicherweise zu Lasten der Stabilität gestört und hat zum schnellen Kentern des Schiffes beigetragen.

Das Wrack der „Niobe" wurde aus 28 Meter Tiefe gehoben. Dabei barg man auch die toten Besatzungsmitglieder. 33 Matrosen wurden in einem gemeinschaftlichen Grab bei Kiel beigesetzt. Auf Fehmarn erinnert noch heute ein Gedenkstein an das Unglück und seine Opfer. Anschließend wurde die „Niobe" in die Ostsee geschleppt und mit einem Torpedoschuss versenkt.

Nach dieser bitteren Erfahrung wurde in Deutschland lange diskutiert, ob man überhaupt wieder ein Segelschulschiff in Dienst stellen sollte. Schließlich hatten sich die alten Seefahrernationen England und Frankreich bereits von der Ausbildung unter Segeln verabschiedet. Doch die Befürworter setzten sich durch. Als Nachfolgeschiff wurde eine Bark gezeichnet, die konsequent auf Sicherheit gebaut war. Sie erhielt den Namen „Gorch Fock". Nach dem Zweiten Weltkrieg wurde diese erste „Gorch Fock" an die UdSSR abgeliefert und unter dem Namen „Towaritsch" weiter als Segelschulschiff eingesetzt. Mittlerweile ist sie wieder in deutschem Besitz und soll Museumsschiff werden. Auch ihren alten Namen „Gorch Fock" hat sie wiedererhalten.

Habicht
Der Tiertransporter kenterte mit Rindern an Bord
1957

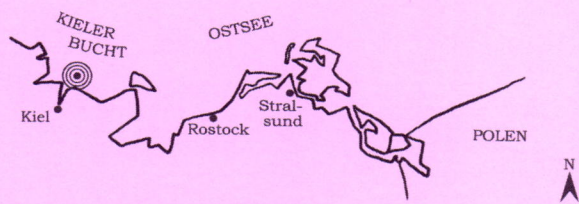

Die Nordoststürme der Ostsee sind nicht zu unterschätzen. Halten sie lange genug an, dann treiben sie das Wasser in die Förden der schleswig-holsteinischen Ostküste und setzen Uferstreifen in den Küstenstädten unter Wasser. Eine Situation, die sonst nur Städte an der Nordseeküste kennen, die dagegen aber auch mit Deichen und anderen Flutschutzbauten geschützt sind. Am 13. Januar 1957 standen während eines solchen Sturmes, der unaufhörlich heranheulte und auch noch Schneetreiben mitbrachte, schon am Nachmittag die Kaianlagen Kiels und der Anleger von Laboe mehr als einen halben Meter unter Wasser.

Wenn der Sturm schon in der Stadt an der Förde so tobte, kann man sich leicht ausmalen, wie es draußen auf See aussah. 1957 lag am Eingang der Förde noch das Feuerschiff „Kiel" auf der Position, an der heute der rote Leuchtturm auf seinem grauen Fundament steht. In der Nähe des Feuerschiffes tanzte der schwedische Dampfer „Borfjord" auf und ab. Er hatte eigentlich vom Feuerschiff

Die Rinder auf der „Habicht" hatten keine Chance
Die Leiber der toten Tiere erschwerten auch die spätere Bergung

einen Lotsen übernehmen wollen, aber die See ging so hoch, dass das Versetzboot nicht mehr fahren konnte. So hielt sich der Dampfer mit einigen Maschinenmanövern in der Nähe des blinkenden Feuers, um auf besseres Wetter zu warten.

Da das Feuerschiff Ansteuerungspunkt für die Kieler Förde und die Zufahrt zum Nord-Ostsee-Kanal war, musste der Dampfer mit regem Schiffsverkehr in der unmittelbaren Umgebung rechnen. Die Brückenwache war daher besonders aufmerksam. Durch das Fernglas entdeckte der Ausguck Positionslichter eines kleinen Schiffes. Einzelheiten konnte er nicht erkennen, aber so, wie die Lichter sich bewegten, schien mit ihm etwas nicht in Ordnung zu sein.

Der Wachhabende versuchte das Schiff über Funk anzurufen, doch in jenen Jahren war noch lange nicht jeder Dampfer damit ausgerüstet. So war es eigentlich nicht besorgniserregend, wenn keine Antwort kam. Die schwedische Brückenwache ließ ihre Beobachtungen aber nicht auf sich beruhen, sondern meldete sie an die zuständige Funkstation Kiel-Radio.

An diesem 13. Januar 1957 hielt Johann Eberhardt als Vormann Wache auf dem Motorrettungsboot „Spiekeroog", das in Laboe lag. Als er spürte, wie sich das Wetter zunehmend verschlechterte, alarmierte er vorsorglich seinen Motorenmann und einen freiwilligen Helfer. Sie sollten an Bord kommen, auch wenn noch kein Seenotruf eingegangen war. So könnte das Boot schneller auslaufen, wenn Menschen seine Hilfe brauchten. Sonst waren beide innerhalb weniger Minuten zur Stelle, doch diesmal kamen sie spät. Auf der Kaimauer hatte ihnen das Wasser schon bis zum Bauch gestanden und sie mussten erst ein Rettungsboot flott machen, um überhaupt an Bord kommen zu können. Vormann Eberhardt war angesichts dieser Verzögerung froh, dass zu diesem Zeitpunkt noch kein Alarm ausgelöst worden war.

Über den Lautsprecher seines Funkgerätes verfolgte Johann Eberhardt die Meldung der „Borfjord" an Kiel-Radio. Er beschloss, sofort mit seinem Rettungsboot auszulaufen, auch wenn noch kein Seenotruf gegeben worden war. In einer Nacht wieder dieser war es besser, ein Stück aus der Förde in die offene See zu fahren, um schneller am Einsatzort zu sein, wenn ein Schiff Hilfe benötigte.

Während sie noch gegen den schweren Sturm anfuhren, hörten sie, die schwedische Brückenwache hätte nun doch Seenotsignale von dem kleinen Schiff gesehen. In einem weiteren Funkspruch berichtete die Schiffsleitung, sie werde in unmittelbare Nähe des noch unbekannten Schiffes steuern und dort bleiben. Helfen aber könnte sie nicht, die See gehe zu hoch, um ein Boot auszusetzen. Sofort funkten die drei Rettungsmänner von der „Spiekeroog", sie seien bereits ausgelaufen und hielten auf die gemeldete Position zu.

Vormann Johann Eberhardt erinnerte sich später: „Die Entfernung zwischen Laboe und dem Feuerschiff ‚Kiel', in dessen Nähe sich der Havarist befand, betrug fast sieben Seemeilen. Wir brauchten also etwa eine volle Stunde, bis wir am Unfallort waren. Für ein Schiff, das sich in Seenot befand, und das jeden Augenblick das Ende vor sich sah, bestand diese Stunde aus sechzig endlosen Minuten ..."

Schnelle Seenotkreuzer wie heute gab es damals an dieser Rettungsstation noch nicht.

Mittlerweile hatte der schwedische Dampfer die Position erreicht, von der aus die Notsignale abgeschossen worden waren. Er entdeckte den kleinen, mit nur 156 BRT vermessenen Dampfer „Habicht". Das Schiff war schon 50 Jahre alt, fuhr zuerst als Fahrgastschiff auf der Kieler Förde und diente jetzt als improvisierter Viehtransporter. Mit 100 Rindern an Bord war er wie so oft am Morgen aus dem dänischen Hafen Kolding ausgelaufen. 18 Rinder standen in den früheren Passagierräumen, zu denen jetzt Rampen führten, 82 Tiere standen an Deck. Um sie festzumachen, hatte man mittschiffs so genannte Ochsenbäume errichtet, an denen die

Tiere mit dem Kopf voran angebunden waren. Sie standen also mit dem Hinterteil an der Reling. Wenn die Tiere unruhig geworden waren, hatte die siebenköpfige Besatzung dies bislang immer in den Griff bekommen. Die dänischen Rinder waren für den Schlachthof in Kiel – der den Namen Seegrenzschlachthof führte – bestimmt.

Als die „Habicht" am Morgen ausgelaufen war, hatte noch nichts auf eine besonders schwierige Reise schließen lassen. Kapitän Marcussen hatte den Wetterbericht gehört und da war von Nordwestwind mit Stärke fünf die Rede, der Elf-Uhr-Wetterbericht sprach zwar schon von zunehmender Windstärke, die aber gegen Mitternacht wieder abflauen sollte.

Als dann unerwartet der Sturm losbrach und die „Habicht" mittlerweile den Schutz des Landes verlassen hatte, war es zu spät umzukehren. Jetzt konnte das Schiff nur noch versuchen, die Kieler Förde zu erreichen. Heftigen Seegang konnte der kleine, stark gebaute Dampfer durchaus vertragen. Ein Problem wurde er nur für die Tiere. Als die ersten von ihnen zu Boden stürzten, gelang es zwei Decksleuten noch, sie mit viel Mühe und gutem Zureden wieder auf die Beine zu bekommen. Erst lange nach Einbruch der Dunkelheit erreichte der Viehtransporter das Feuerschiff „Kiel". Die See war mittlerweile so schwer geworden, dass der Kapitän sein Schiff mit dem Bug in den Wind legen musste, um das Schlingern zu dämpfen. Denn die Tiere waren auf dem glatten Deck mittlerweile so unruhig geworden, dass sich niemand mehr in ihre Nähe wagte.

Eine hohe Welle traf das Schiff von der Backbordseite und legte es hart nach Steuerbord über. Unter der Wucht der Wassermassen verloren die Rinder den Halt unter ihren Füßen und rutschten zur Steuerbordseite. Mit ihrem Gewicht rissen sie den Ochsenbaum aus seiner Halterung. Das Deck glich einem Schlachtfeld. In Todesangst schlugen Ochsen und Kühe wie in einem Inferno mit ihren Hufen um sich. Durch die plötzliche Gewichtsverlagerung richtete sich der

Dampfer nicht mehr auf, im Gegenteil, die nächste Breitseite der See drückte ihn noch weiter nach Steuerbord. Mittlerweile hatte die „Habicht" fast 45 Grad Schlagseite. Die Steuerbordreling lag schon unter Wasser. Erste Tiere rutschten über sie in die See und schwammen verzweifelt, aber ohne jede Chance um ihr Leben. Es hätte dem Schiff und seiner Mannschaft geholfen, weitere Tiere über Bord gehen zu lassen. Doch dafür hätte man die Pforten der Verschanzung öffnen müssen. Die aber ließen sich nur nach innen öffnen, und davor lagen die wild um sich schlagenden Rinder.

In dieser Situation hatte der Kapitän befohlen, Notsignale zu geben. Raketen konnte man nicht abschießen. Die lagen im Rettungsboot. Und davor tobten die verängstigten Rinder. So blieb nur die Handmorselampe. Die Besatzung der „Habicht" hatte also Glück, dass die Brückenwache der „Borfjord" so aufmerksam war und diese Signale überhaupt erkannte. Mittlerweile hatte der Viehdampfer so starke Schlagseite, dass Wasser durch Oberlichter und den Niedergang bis in den Maschinenraum drang.

Die sieben Männer der „Habicht" konnten nur noch hoffen, dass der Rettungskreuzer sie erreichte, bevor ihnen ihr Schiff unter den Füßen wegsackte. Denn es war nur noch eine Frage der Zeit, wann das Wasser auch in den Laderaum drang.

Als das Motorrettungsboot „Spiekeroog" den Havaristen erreichte, fragte Vormann Eberhardt, ob die Mannschaft abgeborgen werden wollte. „Ja, sofort," war die kurze Antwort von Kapitän Marcussen. Es war also keinen Moment zu früh.

Doch sich richtig an die „Habicht" heranzumanövrieren war schwierig. Von der Leeseite konnte das Rettungsboot wegen der überhängenden Masten und Aufbauten nicht herankommen, außerdem schwammen dort die über Bord gegangenen Rinder.

An der Luvseite hatte die Mannschaft schon eine Lotsenleiter über die schräge Bordwand gehängt und der erste Mann war bis zur untersten Sprosse heruntergeklettert.

Die Rettungsmänner waren nun gefordert, so schnell und so nahe an den Dampfer heranzufahren, dass der Mann überspringen konnte.

Eine Stunde lang dauerte es somit in der hohen See, die sieben Männer überzunehmen. Denn das Rettungsboot musste sich für jeden von ihnen immer wieder neu an den Dampfer heranmanövrieren. Als letztes sprang der Kapitän, der bis zum Schluss gehofft hatte, ein Schlepper würde auftauchen und auch sein Schiff retten. Kaum war er von Bord und das Rettungsboot hatte abgedreht, da rollte der Dampfer noch einmal plötzlich heftig über und verschwand von der Wasseroberfläche. Den Rindern war nicht mehr zu helfen.

Für die Berger war es später schwierig, die „Habicht" zu heben. Denn auf allen Decks lagen noch immer die schweren Körper der ertrunkenen Tiere.

~

Ganz eigene Erfahrungen mit Tiertransporten machten auch die Rettungsmänner der Rettungsstation Norderney. So erzählt man auf der Insel noch immer die Geschichte von jener Rettungsmannschaft, die Stunde um Stunde gegen den Strom zu einem gestrandeten Schiff hinüberruderte. Nachdem die Männer einen Wurfanker hinübergeworfen hatten und an Bord geklettert waren, fanden sie keinen Menschen an Deck. Sie selber brachten sich aber auch gleich in Sicherheit. Denn das Schiff hatte eine Ladung Tiere für den bekannten Hamburger Tierpark Hagenbeck an Bord. Während der Strandung waren Käfigstäbe zu Bruch gegangen, so dass einige Tiere frei herumliefen. Zum Schutz hatte sich die Besatzung in den Aufbauten verschanzt. Gemeinsam fingen Schiffbrüchige und Retter die Tiere wieder ein, bevor die eigentlichen Rettungsarbeiten begannen.

**EIN DÄNISCHER SCHONER
HILFE MIT HINDERNISSEN
1873**

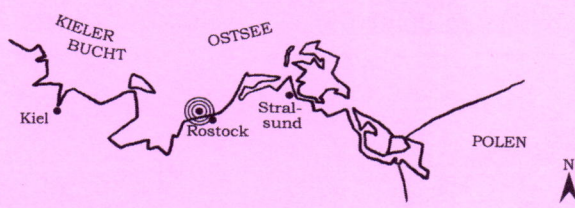

Wenn Schiffbrüchige Stunde um Stunde in den Masten ihrer gestrandeten Schiffe hingen und scheinbar vergeblich auf Hilfe vom Ufer warteten, dann lag es nicht immer daran, dass niemand ihre Notsignale gesehen hatte. Manchmal mussten auch die Retter mit einer Verkettung widriger Umstände kämpfen. So wie am 16. Dezember 1873 vor der Ostseeküste.

Gegen 20 Uhr war beim Warnemünder Lotsenkommandeur Jantzen ein Telegramm mit der Meldung eingetroffen, vor Heiligendamm sei ein kleiner Segler gestrandet, der Notsignale zeigt. Jantzen alarmierte sofort die Rettungsmannschaft und ließ Rettungsboot und Raketenapparat vorbereiten. Auf die Pferde, die beide Fuhrwerke ziehen sollten, wartete er aber mehr als zwei Stunden. Die meisten Pferdebesitzer weigerten sich angesichts des schlechten Wetters und der damit verbundenen Gefahren, ihre Tiere für eine Fahrt zur Verfügung zu stellen, bei der sie in die Brandung geführt werden mussten, um das Boot auszusetzen.

Dänischer Schoner

Stephan Jantzen, der legendäre Kommandeur der Warnemünder Lotsen
Er sorgte für eine professionelle Ausstattung der Warnemünder Rettungsstation
Das schwere Bergungsgerät ...
... konnte bisweilen nur mit Pferdekraft bewegt werden
Dann erst konnte die mühsame Rettungsfahrt beginnen

Dänischer Schoner

Erst gegen 21.30 Uhr konnte die Rettungsmannschaft daher in Warnemünde abfahren.

Die Wege waren matschig und boten weder Rädern noch Pferdehufen viel Halt, da tauchte das nächste Hindernis auf. Das Tor von Doberan war zu klein für die großen Wagen mit Rettungsboot und Raketenapparat. Die Mannschaften klopften an die Türen einiger Maurer und bewegten sie dazu, die Toröffnung mit Hämmern und Brechstangen zu verbreitern. So kamen die Wagen erst drei Stunden nach ihrer Abfahrt an der Strandungsstelle an.

In der stockdunklen Nacht konnten die Retter am Ufer nichts erkennen, sie hörten nur die verzweifelten Notrufe von Menschen, die noch gar nicht wissen konnten, dass mittlerweile ihre Rettung vorbereitet wurde.

Als Jantzen den Befehl gab, die Boote ins Wasser zu schieben, weigerten sich die Mannschaften, zu denen immerhin einige auf See erfahrene Lotsen gehörten. Sie hielten die Fahrt in dieser dunklen Nacht für aussichtslos und wollten wenigstens bis zur Morgendämmerung warten. Sie zündeten aber ein Feuer am Strand an, um den Schiffbrüchigen zu zeigen, dass man ihre Hilferufe gehört hatte.

In der Morgendämmerung bot sich ihnen ein dramatisches Bild. Etwa 175 Meter vom Strand entfernt lag ein gesunkenes Schiff, in dessen Mast sich zwei Menschen gerettet hatten. Doch der Mast stand nicht aufrecht, sondern hatte sich so weit geneigt, dass Sturzseen ständig über die Seeleute spülten. Unterdessen hatte der Sturm weiter zugenommen. Die Rettungsmänner weigerten sich daher weiter, in das Boot zu steigen und zum Schiff hinauszurudern.

Jantzen versuchte statt dessen mit dem Raketenapparat eine Leinenverbindung herzustellen. Aber keine der fünf abgeschossenen Raketen flog so über das Schiff, dass die Schiffbrüchigen sie fassen konnten. Der Lotsenkommandeur schickte seinen Sohn mit einem leichten Pferdewagen zurück nach Warnemünde, um weitere Raketen zu holen.

Inzwischen unternahmen die Retter Versuche, das Rettungsboot in die Brandung zu bringen. Die Abenddämmerung setzte schon ein, als es ihnen endlich gelang. Aber sie kamen nicht weit. Gleich nach dem Aufschwimmen wurden die Pinne und das Ruder bei einer Grundberührung so heftig nach oben gestoßen, dass dass sie Jantzen schwer am Kopf verletzten. Er lag einen Augenblick betäubt im Boot.

Doch trotzdem brachten die übrigen Männer das Boot durch die Brandung und erreichten das gestrandete Schiff, das sie als dänischen Schoner erkannten. Der Name ist allerdings nicht überliefert. Den ersten Schiffbrüchigen konnten sie ohne Probleme übernehmen, der zweite fiel beim Versuch überzusteigen ins Wasser. Die Rettungsmänner bekamen ihn aber zu fassen und konnten ihn herausziehen.

Während der Rückfahrt schlug ein gewaltiger Brecher etwa 30 Meter vom Strand entfernt drei Lotsen aus dem Boot. Einen davon konnte Jantzen greifen und festhalten, wobei er sich selbst schwer an der linken Hand verletzte. Die beiden anderen wurden ebenfalls von Rettungsmännern gegriffen und wieder an Bord gezogen.

Wenige Augenblicke später stieß das Boot in einem Wellental so heftig auf den Grund, dass es schwer beschädigt wurde. Es war aber glücklicherweise so schwimmfähig, dass die Brandung es auf den Strand warf.

~

Als Lotsenkommandeur Jantzen am Abend wieder in Warnemünde eintraf, war er so erschöpft, dass seine Männer ihn aus dem Wagen heben mussten. Für seine Rettungsfahrt erhielt er die Dänische Goldene Medaille für Edle Tat.

Stephan Jantzen wurde 1827 geboren und lebte bis 1913. Er war nicht nur der wichtige und geradezu legendäre Kommandeur der Warnemünder Lotsen, sondern engagierte sich auch für das Rettungswesen. So setzte er sich sehr dafür ein, die Station an der Warnowmündung mit einem geeigneten Rettungsboot auszurüsten. Das von der DGzRS in Bremen zur Verfügung gestellte Boot befriedigte ihn nicht. Er befürwortete – Lokalpatriot der er war – ein Boot, das von einem Rostocker Schiffbaumeister gezeichnet und von einem Warnemünder „Jöllenbauer" gefertigt werden sollte.

Elvi
Der Kapitän konnte nicht mehr aus der Kajüte kommen
1923

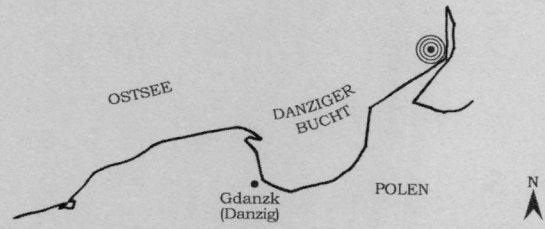

Fischer sind Frühaufsteher. Das war Glück für die Mannschaft des Dreimastschoners „Elvi" unter Kapitän Mauermann aus Brake aus der Unterweser. So wurde das Unglück früh bemerkt, nachdem das Schiff am 7. November 1923 unweit des Dorfes Nidden auf der Kurischen Nehrung gestrandet war. Der Niddener Fischer Friedrich Schmidt hatte gegen fünf Uhr morgens das Schiff entdeckt und gleich die Rettungsmannschaft der örtlichen Station der Deutschen Gesellschaft zur Rettung Schiffbrüchiger alarmiert.

Mit einem Pferdegespann, das den Raketenapparat trug, legten sie die etwa zweieinhalb Kilometer vom Rettungsschuppen bis zur Strandungsstelle schnell zurück. Der Wind wehte noch mit Stärke sechs bis sieben, doch in der Nacht hatte ein schwerer Sturm gewütet. Die Brandung ging auch am Morgen noch immer hoch und hatte das Schiff mittlerweile bis auf 75 Meter an den Strand herangeschoben. Die „Elvi" lag quer zur Brandung, die ständig über das Schiff wusch. Sie hatte mit ihrer Gewalt schon einen Teil der Holzladung fortgerissen, die an Deck gelascht war. Einige Stämme ver-

Der Einsatz eines Raketenapparates war auch für Schaulustige spannend

wandelten sich zusammen mit der Gewalt der Brandung an Deck zu regelrechten Rammböcken und schlugen alles kurz und klein, was sich ihnen in den Weg stellte. Die Mannschaft hatte sich in das Rigg gerettet und wartete auf Hilfe vom Ufer.

Die Rettungsmänner luden den leichten Raketenapparat ab, klappten ihn auseinander und brachten ihn in Stellung. Vormann Fröse von der Rettungsstation band die Leine an die Rakete und zielte sorgfältig über das Schiff hinweg, nachdem er auch noch die voraussichtliche Abtrift durch den starken Wind einkalkulierte. Zischend flog die Rakete mit einem langen Rauchschweif auf das Schiff zu, während sich die sorgfältig aufgeschossene Rettungsleine mit rasender Geschwindigkeit Törn für Törn abwickelte. Drei Mann, die sich in den Wanten festgeklammert hatten, stiegen nach und nach in die Hosenboje, die an der Rettungsleine zwischen Schiff und Land hin und hergezogen wurde. Zwei weitere Männer hatten sich außerdem schon mit Rettungsgürteln, den Vorläufern von Rettungswesten, in die aufgewühlte See gewagt und durchgefroren und halb erstarrt die Retter erreicht. So fehlte nur noch der Kapitän. Durchnässt und frierend erzählten die Männer, sie hätten Kapitän Mauermann zuletzt um elf Uhr abends gesehen. Da sei er gleich nach der Strandung des Schiffes in seine Kajüte gegangen und seither nicht mehr zum Vorschein gekommen. Das Schiff lag bereits bis zum Oberdeck im Wasser, es musste also auch die Kajüte schon erreicht haben.

Was aber sollten die Retter unternehmen?

War der Mann überhaupt noch am Leben?

Mit solcher Ungewißheit wollten sie die Strandungsstelle nicht verlassen.

So ließen sich Vormann Fröse und ein weiteres Mitglied der Niddener Rettungsmannschaft mit der Hosenboje auf das Schiff ziehen, um nach dem vermissten Kapitän zu sehen. Trotz der noch immer überkommenden Seen kämpften sie sich bis zur Kajüte vor, wobei sie besonders die noch immer gefährlich von den Seen hin und hergestoßenen Baumstämme im Auge hatten. Vor der Kajüte hatten sich einige dieser Stämme verkeilt. Offenkundig hatten sie dem Kapitän den Weg aus seiner Kajüte versperrt und ihn daran gehindert, sich wie die übrige Mannschaft ins Rigg zu retten. Aber lebte er überhaupt noch?

Mit einem enormen Kraftaufwand räumten die beiden Rettungsmänner den Kajützugang frei und öffneten die Tür. In der Kajüte stand das Wasser drei Fuß hoch. Kapitän Mauermann hatte sich in eine höhergelegene Koje geflüchtet und war von Kälte und Nässe schon halb erstarrt. Die beiden Rettungsmänner halfen ihm, die Leine mit der Hosenboje zu erreichen und setzten den kaum noch Bewegungsfähigen in das Rettungsgerät. Dann gaben sie ein Zeichen an Land und der Kapitän wurde ans Ufer gezogen. Danach bargen die Retter an Land auch den Vormann und ihren Kameraden ab.

Mit einem Pferdefuhrwerk begleiteten die Männer die gerettete Mannschaft in das Dorf Nidden und brachte sie beim Strandvogt und Familien im Ort unter. Dort erhielten sie ersteinmal trockene Kleidung und heiße Getränke. Dank der schnellen Hilfe waren alle am Leben geblieben. Sie hatten die ganze Nacht durchnässt und dem starken Wind ausgesetzt auf dem gestrandeten Schiff verbracht. Nur wenige Stunden später und die Ersten von ihnen wären ein Opfer von Unterkühlung geworden.

~

Raketenapparate ermöglichen es, Leinen zu gestrandeten Schiffen hinüberzuschießen. Die größeren Raketen konnten Entfernungen bis zu 500 Meter überbrücken. Da Raketen recht langsam fliegen, wurden sie leicht vom Wind abgelenkt. Der Vormann musste also die Windstärke sehr genau einkalkulieren, wenn er die klappbare Abschussbahn ausrichtete. Und selbst dann konnten Böen die Geschosse noch ablenken. Die Apparate und ihre langen Leinen waren auf Pferdefuhrwerke montiert und standen in Schuppen bereit, die von der Deutschen Gesellschaft zur Rettung Schiffbrüchiger überall an der Küste nach einheitlichen Plänen gebaut worden waren. Heute bergen Hubschrauber Schiffbrüchige von gestrandeten Schiffen ab.

WILHELM GUSTLOFF
TORPEDOSCHÜSSE AUF EIN WEHRLOSES SCHIFF
1945

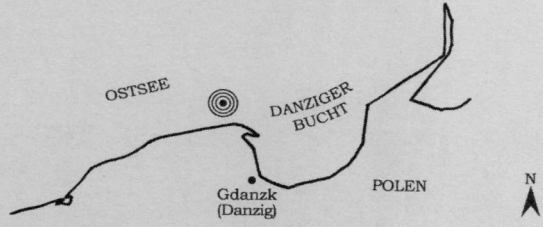

Es sollte eine Rettungsaktion werden, doch sie endete in einer der größten Katastrophen der Schifffahrtsgeschichte. Mehr als 5000 Menschen, also weit mehr als beim Untergang der „Titanic", kamen im eiskalten Wasser der Ostsee ums Leben, als das russische U-Boot „S-13" am 30. Januar 1945 das deutsche Passagierschiff „Wilhelm Gustloff" versenkte.

Ende Januar 1945 drängten sich wohl 60.000 Menschen im Hafen der Stadt Gdynia, der die Nationalsozialisten 1939 den Namen Gotenhafen gegeben hatten. Wie auch in anderen Hafenstädten Ostpreußens hatten sich seit Beginn der russischen Winteroffensive Flüchtlinge gesammelt, die eine Chance suchten, über die Ostsee in den Westen zu entkommen. Ihnen saß die nackte Angst im Nacken. Oft lag eine tagelange Flucht in kaltem Winterwetter hinter ihnen, ihre letzte Hoffnung war, einen Platz auf einem der Evakuierungsschiffe zu erhalten.

Die „Wilhelm Gustloff" zu ihrer Zeit als KdF-Schiff im Hamburger Hafen

In der Ferne hörten sie schon Geschützdonner und von den vorrückenden Sowjetsoldaten erzählte man sich wahre Schreckensgeschichten.

Die Wehrmacht hatte in den ostpreußischen Häfen Einsatzstäbe aufgestellt, um die Evakuierung von Soldaten und Zivilisten zu organisieren. 790 Kriegs- und Handelsschiffe aller Größenordnungen vom Fischkutter und Marinefährprahm bis zum großen Passagierschiff waren daran beteiligt, im Pendelverkehr zwischen Ostpreußen und Schleswig-Holstein zu fahren. Zu den größten zählten die Passagierschiffe „Robert Ley", „Cap Arcona" und „Wilhelm Gustloff".

An Bord der „Wilhelm Gustloff" war die Besatzung seit dem Abend des 22. Januar damit beschäftigt, das Schiff für Tausende von Passagieren vorzubereiten. Viele von ihnen waren verwundet.
Einer der Marinesoldaten an Bord der „Wilhelm Gustloff" war der 24 Jahre alte Oberbootsmannsmaat Karl Hoffmann, ein erfahrener Seemann aus der Handelsmarine und U-Bootfahrer. Er beobachtete, wie verängstigt die Menschen waren, die Schutz vor den Gräueln der vorrückenden Roten Armee suchten: „Sobald die Gangways heruntergelassen wurden, stürmten die Leute vor und drängten sich auf das Schiff. In dem Durcheinander wurden viele Kinder von ihren Eltern getrennt. Entweder kamen die Kinder an Bord und die Eltern blieben an Land zurück oder die Kinder standen noch allein am Ufer, während die Eltern von der drängenden Menschenmenge vorwärts geschoben wurden."

Als das Schiff eigentlich schon bis auf den letzten Platz gefüllt war, kamen noch etwa 400 Marinehelferinnen an Bord. Sie waren zwischen 17 und 25 Jahre alt und man sah ihren Gesichtern an, dass sie froh waren, es bis an Bord geschafft zu haben. Der vorrückenden Roten Armee ging ein Ruf von Morden und Vergewaltigungen voraus. Die jungen Frauen kamen auf dem E-Deck im ehemaligen Schwimmbad des Schiffes unter.

Am 29. Januar traf noch ein Lazarettzug in Gotenhafen ein. Die verwundeten Soldaten brachte man ebenfalls auf die „Wilhelm Gustloff".

Karl Hoffmann in seinen Erinnerungen: „Sie wurden im verglasten Aussichtsraum vorn auf dem Sonnendeck untergebracht. Viele Soldaten waren schwer verwundet, es schien mir unwahrscheinlich, dass sie die Reise überleben würden."

Mittlerweile waren sieben- bis achttausend Menschen auf der „Wilhelm Gustloff" zusammengedrängt, genau ließ sich das später nie mehr feststellen. Nach einigen Quellen waren es sogar mehr als 10.000. Für so viele Menschen gab es zu wenig Rettungsmittel, sie ließen sich auch nicht mehr beschaffen. Nur etwas mehr als die Hälfte der Passagiere hatten Schwimmwesten. In dem eiskalten Wasser aber würden auch sie damit nicht lange am Leben bleiben. Die Temperaturen lagen bei 14 Grad unter Null.

Mancher, wie Betty-Elisabeth Wippich, kam in dem Gedränge nur durch besondere Beziehungen an Bord. Ihr Mann war Steuermann auf der „Wilhelm Gustloff". Er legte seiner Familie zwar nahe, das Schiff wieder zu verlassen, aber nur die Großmutter ging wieder an Land. Betty-Elisabeth Wippich wollte mit ihrer Tochter Karin und dem Mann zusammen bleiben. Man hat nie wieder von ihr gehört.

Die „Wilhelm Gustloff" stand unter einem Doppelkommando. Friedrich Petersen war der eigentliche Kapitän des Schiffes, Korvetenkapitän Wilhelm Zahn der militärische Kommandant.

Die „Wilhelm Gustloff" war nicht als Flüchtlingsschiff gekennzeichnet, als sie am 30. Januar aus Gotenhafen auslief. Das Wetter hatte sich verschlechtert, es schneite, die Temperaturen sanken weiter und der Sturm nahm zu. Als Begleitschutz lief lediglich das kleine Torpedofangboot „Löwe" mit aus, das sich nicht zur Bekämpfung von U-Booten eignete, also keinen wirklichen Schutz bot.

Um gegen Fliegerangriffe geschützt zu sein, hatten Soldaten noch schnell einige Flakgeschütze auf die Oberdecks montiert. Einer der Geschützführer war der Oberbootsmannsmaat Karl Hoffmann. Er begann seine Wache gegen 21 Uhr und erinnert sich, dass es an Bord ruhig war. Doch nur zehn Minuten später, die „Wilhelm Gustloff" fuhr querab von Stolpmünde, trafen die ersten Torpedos das Schiff.

„Im ersten Augenblick dachte ich, wir seien auf Minen gelaufen. Aber es waren drei todbringende Torpedos," erinnert sich Karl Hoffmann.

Der erste traf das Passagierschiff am Bug, der zweite explodierte unter dem Schwimmbad, kaum eine der 400 Marinehelferinnen überlebte. Der dritte traf mittschiffs, im vorderen Teil des Maschinenraums, riss den Schiffsrumpf auf und zerstörte die Maschinen.

„Sofort brach unter den Menschen eine furchtbare Panik aus. Viele stürzten sich wie von Sinnen in die eiskalten Wellen der Ostsee. Zuerst neigte sich das Schiff unter der Wucht der Explosion nach Steuerbord, richtete sich wieder auf und bekam Schlagseite nach Backbord. Ich versuchte in meine Kabine zu kommen, um noch einige private Sachen zu holen. Aber es war unmöglich."

Karl Hoffmann strömten Menschenmassen entgegen, die nur einen Gedanken hatten – hinauf auf die oberen Decks, fort von dem einströmenden Wasser!

„Während sie sich hinaufkämpften, stießen und drängten sie erbarmungslos. Wer niederfiel, war verloren. Kleine Kinder, die ihren Müttern entglitten, wurden zu Tode getreten. Niemand konnte Schwangeren und Verwundeten helfen. Die Menschen versuchten die Rettungsboote zu stürmen."

Auf den Befehl „Frauen und Kinder zuerst!" hörte niemand mehr. In der eiskalten Januarnacht waren die Taljen der Boote vereist, sie ließen sich nicht zu Wasser lassen.

Karl Hoffmann sah ein Boot voller Menschen, bei dem die Taue gekappt werden mussten: „Es kippte, nur an der Vorleine hängend, die aufschreienden Passagiere in die Fluten."

Die „Wilhelm Gustloff" bekam immer mehr Schlagseite, die Backbordreling war bereits im Wasser. Es wurde immer schwieriger, Boote auszusetzen. Es gab ohnehin nur acht Boote.

Karl Hoffmann stand zu diesem Zeitpunkt als Einziger auf dem Sonnendeck und blickte entsetzt in das Chaos: „Ich sah, wie sich ganze Familien erschossen, weil sie nicht auf den langsameren und schrecklichen Tod des Ertrinkens im kalten Wasser warten wollten. Wer eine Pistole hatte, wählte den Freitod. Auch ich hatte schon mit meinem Leben abgeschlossen."

Der Überlebenswille kam aber wieder, als er später im eiskalten Wasser trieb: „Um dem Sog des sinkenden Schiffes zu entkommen, musste ich so schnell wie möglich Abstand zum Schiff bekommen. Die eisige Kälte des Wassers spürte ich zunächst nicht. Ich bekam ein vollgelaufenes Boot zu fassen und hielt mich an ihm fest. Zwei Kinder hielten sich fest an mich geklammert und schrien nach ihrer Mutter. Ich hob sie in das vollgelaufene Boot. Ob sie später gerettet wurden, weiß ich nicht."

Karl Hoffmann sah Szenen, wie sie auch Günther Grass in seinem Roman „Im Krebsgang" schildert, der den Untergang der „Wilhelm Gustloff" zum Thema hat: „Kinder trieben in ihren Schwimmwesten mit den Beinen nach oben im Wasser." Grass wurde nach Erscheinen des Buches bei einem Besuch in Kaliningrad, dem früheren Königsberg, von russischen Marinesoldaten kritisiert, diese Szene sei „psychologisch übertrieben". Dabei scheint sie doch dem zu entsprechen, was Augenzeugen wirklich gesehen hatten.

Knapp 50 Minuten nach den Torpedotreffern versank die „Wilhelm Gustloff".

Der schwere Kreuzer „Admiral Hipper" war zwei Stunden nach der „Wilhelm Gustloff" mit 1500 Flüchtlingen und Verwundeten ausgelaufen. Gegen 22 Uhr bemerkte der Ausguck rote Leuchtkugeln an Backbord voraus. Das Schiff nahm Kurs auf die Notsignale und beteiligte sich an der Rettung der im eisigen Wasser treibenden Menschen.

Nach 20 Minuten, die er im Wasser trieb, war Karl Hoffmann über und über mit Eis bedeckt: „Ich sah einen dunklen Schatten direkt auf mich zukommen und erkannte die Umrisse eines Schiffes. Dann bemerkte ich, wie man mich in ein Boot zog ..."
Ihn rettete das Torpedobootes „T 36", das 550 Menschen bergen konnte, aber dann selbst vor den Angriffen sowjetischer U-Boote flüchten musste, die bereits zwei Torpedos abgefeuert hatten.

Auch andere Marineschiffe, Torpedoboote, Minensucher, Vorpostenboote und zivile Schiffe versuchten zu retten, was zu retten war, konnten aber nur noch 1239 Menschen aus dem eisigen Wasser ziehen. Wie viele Menschen beim Untergang der „Wilhelm Gustloff" umkamen, ist nicht mehr festzustellen. Laut Passagierliste waren einschließlich der Besatzung 6050 Menschen an Bord. Doch wahrscheinlich sind es weit mehr als 10.000 gewesen, denn gegen Ende des Einschiffens konnten gar keine Listen mehr geführt werden. Damit ist der Untergang der „Wilhelm Gustloff" die größte – und noch dazu von Menschen verursachte – Katastrophe der Seefahrtsgeschichte. Da sie aber in Kriegszeiten geschah, ist sie weit weniger ins Bewusstsein der Öffentlichkeit getreten, als der Untergang der „Titanic".

Alexander Marinesko, dem Kommandanten des sowjetischen U-Bootes, das die „Wilhelm Gustloff" versenkte, wurde in Kaliningrad ein Denkmal als Kriegsheld gesetzt.

~

Die „Wilhelm Gustloff" war nicht das einzige Schiff, das völlig überfüllt ein Opfer des Krieges wurde. Das Passagierschiff „General von Steuben" wurde von zwei sowjetischen U-Booten torpediert, es ging mit 2700 Menschen unter. Noch am 16. April riss die „Goya" 6500 Menschen mit in die Tiefe und am 3. Mai 1945, wenige Tage vor Kriegsende, die „Musketier" 800 Menschen.

Großen Anteil an der Evakuierung hatte die „Cap Arcona". Während drei Fahrten in den Westen evakuierte sie 26.000 Menschen. Bei jeder der Fahrten waren 8000 bis 9000 Flüchtlinge an Bord, auf einem Schiff, das für maximal 1315 Passagiere gebaut worden war. Die „Cap Arcona" blieb dabei von größeren Schäden verschont.

Ihr Schicksal erfüllte sich erst am 14. April 1945 vor der Hafeneinfahrt von Neustadt in Holstein. Eine weitere Reise war nicht mehr möglich, das Schiff hatte einen Maschinenschaden. Da kam der Frachter „Athen" der deutschen Levante-Linie längsseits. An Bord hatte er 2700 Häftlinge aus dem Konzentrationslager Neuengamme. Für sie und weitere Insassen sollte das Schiff zum schwimmenden Gefängnis werden. Die Lagerleitung wollte die Spuren ihrer grausamen medizinischen Experimente vernichten und hatte den geheimen Plan, die „Cap Arcona" mitsamt der Menschen an Bord untergehen zu lassen.

Kapitän Heinrich Bertram weigerte sich jedoch, die Häftlinge an Bord zu nehmen. Er wies darauf hin, dass weder Proviant noch Frischwasser an Bord waren, und außerdem Rettungsgeräte fehlten. Doch seine Weigerung nützte nichts. Ein Kommando der SS richtete Maschinenpistolen auf ihn und drohte, ihn sofort zu erschießen, wenn die Häftlinge nicht an Bord kommen dürften. Bertram wich der Gewalt. „Es wurde mir klar, dass auch mein Tod die Einschiffung nicht verhindert hätte," erinnerte er sich später.

So wurden nach und nach insgesamt 5000 Häftlinge auf die „Cap Arcona" gebracht und unter Deck eingeschlossen. Außerdem ankerten in der Neustädter Bucht zwei weitere Schiffe voller Häftlinge.

Am 2. Mai 1945 tauchten erste englische Flugzeuge über den Schiffen auf. Am nächsten Tag flogen weitere Maschinen über die wehrlosen Schiffe. Wieder Briten. Die Schiffsbesatzung hatte weiße Flaggen gesetzt, aus den Bullaugen winkten Menschen mit weißen Tüchern. Doch es half den Verzweifelten nicht. Sie spürten die Gefahr in der sie sich befanden und konnten noch nichteinmal flüchten. Gegen 15 Uhr griffen die Jagdbomber an. Sie flogen in Längsrichtung über die „Cap Arcona" und warfen aus niedriger Höhe Spreng- und Brandbomben auf das überfüllte Schiff. Die Aufbauten standen sofort in Flammen. Unter Häftlingen und Besatzung brach eine Panik aus. Die beiden kleineren Schiffe sanken sofort, auf dem Schornstein des einen war das rote Kreuz auf weißem Grund nicht zu übersehen.

Wenig später sank auch die lichterloh brennende „Cap Arkona" auf den Grund. Doch das Wasser war so flach, dass sie nicht völlig unterging. Erst 1949 bis 1950 wurde das Schiff verschrottet. Nur rund 350 Häftlinge hatten den mörderischen und sinnlosen Angriff überlebt.

~

Die „Wilhelm Gustloff" war am 15. März 1938 in Hamburg als erster und größter Neubau der NS-Organisation „Kraft durch Freude" fertig gestellt worden. Es war für 1460 Passagiere ausgelegt. Seinen Namen erhielt es nach dem Landesgruppenleiter der Auslandsorganisation der NSDAP in der Schweiz, der 1936 ermordet worden war. Das Schiff unternahm 44 Kreuzfahrten, wurde zu

Beginn des Krieges von der Marine übernommen und zum Lazarettschiff umgebaut. Von Ende 1940 an lag es in Gotenhafen als Ausbildungsplatz für zukünftige U-Boot-Fahrer.

~

Die Familie des kleinen Jungen Rupert Neudeck kam zwei Stunden zu spät in Gotenhafen an und konnte deshalb nicht mehr an Bord der „Wilhelm Gustloff" kommen. Die verzweifelten Szenen, die er damals im Hafen miterlebte und die Ängste, die seine Familie selbst ausstand, ließen ihn nie wieder los. 1979 gründete er die Hilfsorganisation „Cap Anamur" und war viele Jahre ihr Vorsitzender. Das gleichnamige Schiff rettete in Krisengebieten Tausende von Flüchtlingen.

~

Obgleich viele weitere Flüchtlingsschiffe beschossen und versenkt wurden, konnten eineinhalb Millionen Zivilisten und eine halbe Million Soldaten nach Dänemark und Schleswig-Holstein evakuiert werden.

Segelzeichen GO 439
Die Republikflucht war ein Unfall
1978

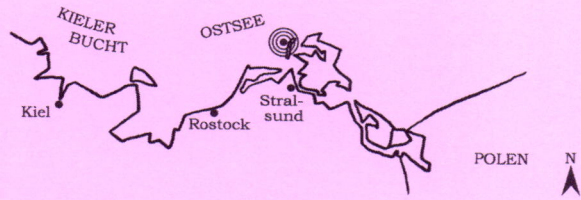

Der Wind wehte mit Stärke fünf bis sechs, ideales Wetter für eine Regatta. Die Begeisterung war groß unter den Seglern, die nach dem Startschuss ihre Schoten dichtgeholt hatten und deren Boote sich nun über die Startlinie schoben. Denn Gelegenheit zum Segeln auf See gab es in der damaligen DDR nur selten. Die staatlichen Organe fürchteten, Segler könnten einen Ausflug auf die Ostsee zur Republikflucht nutzen. Entsprechende Genehmigungen wurden also nur selten erteilt. Mit der Folge, dass Segler in der DDR nur wenig Erfahrung im Seesegeln sammeln konnten. Außerdem konnte man kaum Ausrüstungsgegenstände für einen Törn vor der Küste kaufen, wie etwa ohnmachtsichere Rettungswesten oder Seenotsignale.

An diesem 10. Juni 1978 war für die Regatta „Rund Hiddensee" eine der seltenen Genehmigungen erteilt worden. Schließlich war ein Regattafeld überschaubar und damit auch leicht zu überwachen. Start und Ziel sollten in Stralsund sein, eine der Etappen war das kleine Fischerdorf Kloster auf Hiddensee.

Hiddensee mit seinem Leuchtturm: beliebtes Segelrevier damals wie heute

Eines der teilnehmenden Boote war ein acht Meter langer Kielschwerter, den sein Eigner Christian Massing selbst aus Holz gebaut hatte und das die Segelnummer „GO 439" trug. Ein Bootsname ist nicht bekannt.

Für die Regatta waren seine Ehefrau Loni sowie sein Freund Jochen Schmidt als Crew an Bord. Beide hatten gerade erst ihre Segelscheine erworben.

Auf der Höhe von Kloster, etwa 300 Meter vom Strand entfernt, wollte Jochen Schmidt einige Fotos von der schönen Regattaszenerie machen. Er kniete sich an der Leeseite in Höhe des Mastes hin, um nach achtern ins Cockpit zu fotografieren. Da spritzte überkommende Gischt seine Kamera nass. Schmidt wollte zurück ins Cockpit kriechen, um sie mit einem Tuch zu trocknen, da ließ die nächste höhere Welle das Boot noch stärker krängen. Der Fotograf wäre fast über Bord gefallen, wenn Loni Massing ihn nicht im letzten Augenblick am Bein gepackt und zurückgezogen hätte.

Während sie sich bemühte, dem Freund zu helfen, bemerkte sie nicht, dass die gleiche Welle ihren Mann über Bord geschleudert hatte. Er konnte sich jedoch noch immer an dem Pinnenausleger festhalten. Loni Massing musste sich also jetzt um die Rettung von zwei Männern kümmern. Sie warf Fock- und Großschot los, dadurch richtete sich das vom Winddruck befreite Boot plötzlich wieder auf. Christian Massing konnte den Pinnenausleger nicht mehr halten und ließ los. Doch als geübter und sicherer Schwimmer hielt er sich trotz bewegter See sicher über Wasser und zeigte keine Anzeichen von Panik. Im Gegenteil, er rief seiner Frau noch zu, sie solle das Boot wenden und zu ihm zurücksegeln.

Doch das war nicht so einfach. Die Schoten der Fock hatten sich vertörnt, so kam das Boot erst im dritten Anlauf auf den neuen Kurs. Loni Massing setzte Jochen Schmidt an die Pinne und hielt nach ihrem im Wasser treibenden Mann Ausschau. Sie konnte ihn aber nirgends entdecken. Da sah sie am Ufer einen Mann in Ölzeug stehen, den sie eindeutig für ihren Ehemann Christian hielt. Sie nahm an, der geübte Schwimmer hätte inzwischen die 300 Meter zum Ufer trotz des Ölzeugs zurückgelegt und sei in Sicherheit. Sie konnte jedoch wegen des flachen Wassers nicht näher an den Strand heransegeln und den Skipper wieder aufnehmen.

Loni Massing machte sich also keine weiteren Sorgen mehr um ihren Mann.

Andere Boote hatten die seltsamen Manöver des Kielschwerters nicht bemerkt und Loni Massing und Jochen Schmidt sahen keinen Grund, Seenotsignale zu geben. Sie segelten weiter in Richtung Kloster.

Wegen eines Regenschauers und der sehr schlechten Sicht ließen sie unterwegs den Anker fallen, der im dem weichen Boden jedoch nicht hielt. So driftete das Boot langsam auf die Küste zu. Ein Polizeiboot nahm den Segler schließlich in Schlepp und brachte ihn in den Hafen von Kloster. Während der Schleppfahrt berichteten die beiden Segler zwar von dem Vorfall, schlugen aber noch immer nicht Alarm, da sie vermuteten, sie würden Christian Massing in Kloster treffen. Sie durchsuchten den Seglerhafen, fragten im Dorf. Doch dort war er nicht. Als Loni Massing und Jochen Schmidt zur Polizei gingen, um den Ehemann als vermisst zu melden, erlebten sie eine Überraschung – sie wurden sofort voneinander getrennt und in Gewahrsam genommen. Eine Suche nach dem vermissten Segler leiteten die Behörden nicht ein. Erst aus den Fragen der vernehmenden Beamten erkannten die beiden, was man Christian Massing unterstellte. Er hatte die Seeregatta nach Meinung der Beamten zur Republikflucht benutzt. Eine Suche in dem entsprechenden Küstengebiet erschien den Beamten daher überflüssig. Erst drei Wochen später wurde der Segler tot bei Dranske angespült.

Der Segler Christian Massing hätte möglicherweise gerettet werden können, wenn die Behörden sein Verschwinden von Bord gleich als Unfall behandelt hätten und nicht von einer Flucht ausgegangen wären. Sein Boot war ein selbst aus Holz gebauter acht Meter langer Kielschwerter, der 22 Quadratmeter Segel führte.

Rex
Navigationsfehler in Eis und Nebel
1900

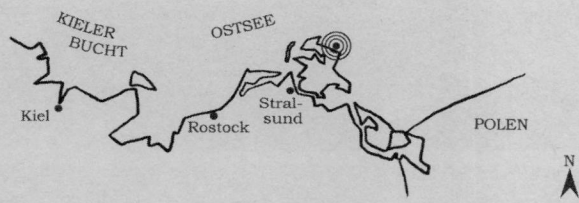

Das Jahr 1900 begann in Mecklenburg-Vorpommern eisig. Die Ostseeküste fror teilweise zu, Schneestürme fegten über die Küste und nahmen Menschen an Land den Atem und Menschen auf See die Sicht. Schon nach wenigen Tagen hatten Kälte und Stürme die Eisschollen so weit übereinandergeschoben, dass dichte Barrieren entstanden. Schon Mitte Januar hatten die Schiffe der drei Jahre vorher eingerichteten Postdampferlinie zwischen Sassnitz und Trelleborg Probleme, diese Barrieren zu durchbrechen. Von deutscher Seite fuhr der Salondampfer „Imperator", von schwedischer Seite der Dampfer „Rex".

Der Kapitän der Fähre „Imperator" konnte mit seinem Bug das Eis nicht durchbrechen und wollte kein Risiko eingehen. So drehte er das Schiff und versuchte, sich mit dem runderen Heck auf das Eis zu schieben. Dabei verlor er am 25. Januar die Schraube.

Die so oft befahrene Fährlinie nach Schweden war in diesen Tagen von der Routineroute zum Abenteuer geworden. Das bekam

Zwei Tage nach ihrer Strandung brach die „Rex" auseinander

Eisbrecher versuchten, die Fahrrinnen auch in strengen Wintern offenzuhalten

auch der zweite Dampfer der Linie zu spüren, als er am 17. Februar in einen orkanartigen Sturm aus Südost geriet. Trotzdem schaffte er es, mit geringer Verspätung seine Fahrt von Sassnitz nach Trelleborg anzutreten. Er kam aber nicht weit. Schon am Molenkopf der Hafenausfahrt hatten sich Eisschollen so dicht übereinander getürmt, dass sie die Durchfahrt versperrten. Der Kapitän beschloss umzukehren, beim Anlegemanöver im Hafen drückte der Orkan das langsam manövrierende Schiff so stark gegen die Brücke, dass ein Schaden am Heck entstand.

Der Dampfer „Imperator" hatte die Fahrt zwar geschafft, brauchte aber elf Stunden für die 59 Meilen lange Strecke und kam völlig eisüberkrustet in Sassnitz an.

Am 26. Februar legte der Dampfer „Rex" im Hafen von Trelleborg ab. Es war eine tiefdunkle Nacht und schon wieder nahm ein Schneesturm aus Nordost die Sicht. Der Kapitän, der die Strecke eigentlich kannte wie seine Westentasche, glaubte, die Stubbenkammer auf Rügen schon passiert zu haben und gab Befehl, Kurs auf Sassnitz zu nehmen. Die Fahrt endete am Strand von Blandow, 200 Meter vom Ufer entfernt.

Der Kapitän beschloss, zumindest die fünf Frauen vom Küchenpersonal in Sicherheit bringen zu lassen. Er gab dem Ersten Offizier und einem Matrosen Befehl, ein Boot klarzumachen und sie an das nur 200 Meter entfernte Ufer zu bringen. Dort sollten sie zugleich eine kräftige Leine befestigen, an der sich die übrige Mannschaft zur Not in Sicherheit bringen oder sich im Boot für weitere Rettungsfahrten entlanghangeln konnten.

Während des Manövers heulte die Dampfpfeife ununterbrochen ihre Notsignale durch die neblige Nacht. Doch auch sie verstummte bald und das Licht erlosch. Wasser war in den Maschinenraum eingedrungen und hatte die Feuer unter den Kesseln gelöscht. Die Nacht für die Menschen an Bord wurde lang. Als der Morgen graute, sahen sie am Ufer Menschen zusammenlaufen, die zum Schiff hinüberwinkten. Sie sahen den Rauchschweif einer Rakete über sich hinwegschießen und schafften es gleich beim ersten Mal, die Rettungsleine am Vormast zu belegen.

Doch die Rettung war trotzdem schwierig. In der bewegten See rollte der nur halb auf dem Sand liegende Dampfer hin und her und machte die Rettung mit der Hosenboje zu einer gefährlichen Aktion. Trotz allem zogen die Retter sämtliche Menschen von dem gestrandeten Schiff.

Am sicheren Ufer hörten die Geretteten, das in der Nacht ausgesetzte Boot sei in der Brandung gekentert, die fünf Frauen waren ertrunken, der Matrose an seinen Verletzungen gestorben. Nur der Erste Offizier hatte sich ans Ufer retten können und war dort vor Erschöpfung zusammengebrochen.

Der Dampfer „Rex" war nicht mehr zu retten. Er brach zwei Tage später auseinander.

~

In der Ostsee gab es nach dem Ersten Weltkrieg vier dampfbetriebene Eisbrecher, um die Fahrrinnen freizuhalten und Verluste wie die des Postdampfers „Rex" zu verhindern. In dem besonders harten Winter von 1929 stellten die Schifffahrtsbehörden aber fest, dass sie weder von der Größe noch von der Kraft ausreichten, um ihre Aufgabe zu erfüllen. Daher wurden zwei größere Eisbrecher in Auftrag gegeben. Der Neubau „Stettin" bewährte sich schon in seinem ersten Eiswinter 1933/34. Das Schiff hat eine 1900 PS starke Maschine und ist mit 51 Metern wesentlich länger als die vorher eingesetzten Eisbrecher. 1938 nahm auch der 50 Meter lange Eisbrecher „Wal" seinen Dienst auf. Beide Schiffe sind bis heute erhalten, in sehr gutem Zustand und fahren als Museumsschiffe mit ehrenamtlichen Mannschaften.

JANNE
WAR DAS SCHIFF IN ALKOHOLSCHMUGGEL VERWICKELT?
1930

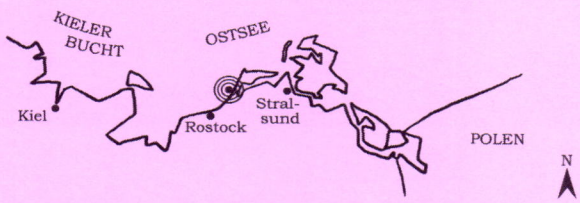

Kennungen von Leuchtfeuern haben ihre Tücken. Jedes Feuer an einer Küste sendet zwar eine festgelegte Folge von Blitzen und Blinken aus, die man aus jeder Seekarte oder dem Leuchtfeuerverzeichnis ablesen kann. So sollten Verwechslungen eigentlich ausgeschlossen sein. Doch immer wieder kommt es vor, dass Seeleute Kennungen miteinander verwechseln. Sei es, dass Blitze und Blinke als Folge starken Seegangs nicht genau zu erkennen oder durch andere Schiffe zeitweise verdeckt sind. Viele andere Lichter an Land tragen zusätzlich zur Verwirrung bei.

Manchmal liegt es auch an der Methode, die Kennungen nach der Methode „21... 22... 23..." sekundenweise auszuzählen. Dies ist jedoch für diesen Zweck zu ungenau. Zum einen zählt jeder anders, zum anderen kommt es immer wieder vor, dass Seeleute sich die Kennungen „zurechtzählen". Sie glauben zu wissen, welches Feuer sie angepeilt haben und „kontrollieren" eigentlich nur noch. Wirklich genau sind nur Messungen mit einer Stoppuhr.

Durch eine Verwechslung der Leuchtfeuer lief die „Janne" auf Grund
See und Eisgang ließen nur noch kümmerliche Überreste zurück

Aus welchem dieser Gründe die Besatzung des finnischen Dreimastschoners „Janne" am 14. November 1930 zwei Feuer verwechselte, ist heute nicht mehr festzustellen. Der aus Holz gebaute Segler hatte in Rendsburg eine Holzladung abgeliefert, nun wieder die Schleusen des Nord-Ostsee-Kanals bei Kiel-Holtenau passiert und segelte durch den Fehmarnbelt, um „Gedser Feuerschiff" anzusteuern. Die Laderäume der „Janne" waren leer, was in diesen wirtschaftlich schwierigen Jahren gar nicht so selten vorkam. Nun wollte man zurück in die Heimat und auf bessere Zeiten warten. Es war ohnehin Zeit für die Winterpause, in der viele Eigner und Kapitäne von Segelschiffen nicht mehr ausliefen.

Ein starker Wind wehte und die meisten Segel der „Janne" waren gesetzt. In dem freien Seegebiet, das vor ihr lag, war das kein Problem. Der Wind steigerte sich jedoch zum Nordweststurm, leichter Sprühregen kam auf und nahm dem Wachhabenden und dem Ausguck die Sicht. Beide glaubten, „Gedser Feuerschiff" klar voraus zu haben. Ihren Irrtum erkannten sie erst, als der Strand schon in Sicht kam. Der Steuermann ließ anluven und den Anker fallen, aber es war zu spät. Das Schiff setzte mit voller Fahrt und mit gesetzten Segeln bei Dierhagen am Fischland auf den Strand, wenig südlich von Wustrow auf der schmalen Landbrücke zwischen der Ostsee und dem Saaler Bodden. Anstelle des Feuerschiffes hatten sie das Leuchtfeuer von Wustrow angesteuert. Bis zum festen Ufer waren es nur 30 bis 40 Meter.

Der flache Sandstrand hatte das Schiff zwar sofort gestoppt, in einem Tidegewässer hätte man in dieser Situation noch die Chance gehabt, die Ladung über Bord zu werfen und mit der nächsten Flut wieder flottzukommen. Aber in der Ostsee ist der Tidehub kaum zu bemerken und eine Ladung hatte die „Janne" nicht an Bord. Den Ballast aus großen Steinbrocken zu leichtern schaffte die neun Mann starke Besatzung nicht. So feuerten die Männer Knallsignale ab, um auf sich aufmerksam zu machen.

Die „Janne" schien noch einmal Glück zu haben. Die Besatzung des Stralsunder Schleppers „Hertha" hatte die Strandung beobachtet und nahm Kurs auf den Havaristen. In dem flachen Wasser kam der Schlepper jedoch nicht nahe genug an den Segler heran, der ohne Ladung nur wenig Tiefgang hatte. Da keine starke Brandung herrschte, konnte die Besatzung des Seglers sich ans Ufer in Sicherheit bringen.

Wie stark aber die Strömungen an dieser Uferstelle sein können, zeigte sich knapp 24 Stunden später. Nach einem Bericht der Mecklenburgischen Volks-Zeitung wurde das Schiff in dieser Zeit um fast zwei Schiffslängen versetzt.

Am 19. November traf der Reeder am Ort der Strandung ein. Er schätzte die Bergungskosten auf 10.000 Mark, sein Schiff war mit 15.000 Mark versichert. Die Kosten wären also gedeckt gewesen und eine Bergung lohnend. Doch das änderte sich drei Tage später. Ein starker Sturm setzte das Schiff einem Zeitungsbericht zufolge so stark auf, dass der Kiel aufgerissen wurde. Nun lohnte es sich nur noch, vom Schiff all diejenigen Teile abzubergen, die auf anderen Schiffen noch verwendet werden konnten.

Einige Tage später bargen Fischer nach Rücksprache mit dem Eigner alles, was von dem Segler noch zu gebrauchen war: Masten, Segel, stehendes und laufendes Gut sowie andere Ausrüstungsteile brachten sie gegen einen Bergelohn nach Warnemünde, wo ein finnischer Segler sie übernahm und in den Heimathafen der „Janne" brachte. Finnische Segler jener Zeit waren für ihre Sparsamkeit bekannt.

Der Küstenklatsch vermutete später, die „Janne" hätte wohl Alkohol geschmuggelt und die Besatzung ihrer Ladung selbst zu stark zugesprochen. Doch das ist wenig wahrscheinlich, denn die Laderäume des Schiffes waren leer. Es sollen jedoch nach einem Bericht der Mecklenburgischen Volks-Zeitung aus jenen Jahren größere Mengen Alkohol aus den Bordvorräten beschlagnahmt worden sein. Aber welcher Seemann, der aus dem Ausland nach Finnland oder in skandinavische Länder mit ihren hohen Alkoholpreisen zurückkehrt, hat nicht irgendwo an Bord einen größeren Alkoholvorrat gebunkert?

See und Eisgang zerstörten das Wrack von Jahr zu Jahr mehr, bei niedrigen Wasserständen sind die Überreste des Schiffes aber noch heute am Strand zu erkennen und gelten bei Strandspaziergängern als eine der Attraktionen Dierhagens.

Die „Janne" war zwar der letzte große Segler, der in diesem Küstenabschnitt strandete, aber keinesfalls der erste. Insgesamt sind an der Ostseeküste zwischen Fischland und Darss 63 Wracks verzeichnet – jedes einzelne ein Schiffsschicksal.
Besonders die Strände in der Nähe Dierhagen hatten eine gewisse Anziehungskraft auf Schiffe. Am 28. Februar 1896 strandete nachts in einer Bucht südlich von Dierhagen der Schoner „Florentine II", der ebenfalls aus dem Nord-Ostsee-Kanal kam und mit einer Ladung Öl Stralsund ansteuerte. Fischer retteten drei Mann der Besatzung, der Schiffsjunge wurde in die See gerissen und nie wieder gefunden.

Anfang April 1896 holte sich die Küste bei Dierhagen das nächste Opfer. Am Weißen Berg strandete die „Skandinar". Der Bergungsschlepper „Rügen" konnte sie wegen starker See und seines eigenen Tiefgangs nicht mehr ins freie Wasser schleppen.
Im September 1908 sank die Galeasse „Hermine" vor Dierhagen. Ihr Wrack konnte lange Zeit nicht gefunden werden, bis das großherzogliche Amt Riebnitz eine Belohnung von 100 Mark aussetzte. Denn man wollte sichergehen, dass keine Schiffe von dem unbekannten Wrack beschädigt wurden oder Fischernetze daran hängen blieben. Ein Wustrower Fischer meldete schließlich die genaue Position der „Hermine" und kassierte die Belohnung.

Wegen der häufigen Strandungen an dem Küstenstreifen des Fischlands wurde in Wustrow, also etwa auf Höhe der Mitte des konturlosen Landstreifens, in dem es weder Schornsteine oder Kirchtürme als Peilmarken gab, eine Nebelsignalstation mit einem kleinen Leuchtfeuer gebaut. Sie nahm am 1. März 1911 ihren Betrieb auf. Der heutige Leuchtturm von Wustrow stammt aus der Zeit zwischen den beiden Weltkriegen.

Einer kleinen, mit Obst beladenen Kuff half dieses jedoch wenig. Eine englische Brigg, die von einem Sturm auf das Ufer geworfen wurde, riss den kleinen Küstensegler mit und drückte ihn auf den Strand. Die Äpfel aus der Ladung wurden im eisigen Ostseewasser eingeschlossen und den ganzen Winter über von Kindern aus dem Eis gepickt.

Die Strandungen betrafen auch Dampfer. Am Abend des 3. Februar 1913 strandete bei Dierhagen der holländische Dampfer „Titan" mit einer Ladung Eisenbahnschienen auf einer Reise von Amsterdam nach Stettin. Schnell war ein Bergungsschlepper zur Stelle, doch bevor er die „Titan" wieder freischleppen konnte, mussten 15 Tonnen der Ladung über Bord geworfen werden. In Warnemünde wurde das Schiff von Tauchern untersucht, konnte aber seine Fahrt fortsetzen.

Das bislang älteste Wrack, das vor dieser Küste gefunden wurde, ist eine Kogge. Sie hatte Ende des 13. Jahrhunderts Wetzsteine und Dachziegel transportiert.

~

Der Zeitungsbericht, nach dem die „Janne" so hart aufsetzte, dass der Kiel brach, scheint aus heutiger Sicht wenig glaubwürdig zu sein. Wahrscheinlich hat der Seegang während des Sturmes Bug und Heck freigespült, so dass sich der Rumpf des mittschiffs aufliegenden Schiffes durchbog. Diese Krümmung übertrug sich über die Stagen auf die Masten. Alte Fotos zeigen, dass sie stark nach vorn gekrümmt waren. Der Fockmast ist unter diesem Druck dann sogar gebrochen. Ähnliche Schäden entstanden später sogar unter vergleichbaren Bedingungen an stählernen Schiffen.

Die Besatzung der „Janne" wurde zwar vollständig gerettet, doch trotzdem forderte die Strandung noch ein Todesopfer: Der Kapitän sandte seiner schwangeren Frau ein Telegramm, in dem er von dem Unglück berichtete. Sie erlitt vor Schreck einen Schlaganfall, an dem sie starb.

~

Neben der Küste hat auch das Seegebiet vor Fischland hat seine Tücken. Neben dem Riff am Darsser Ort ist die Prerowbank eine weitere Gefahrenstelle. Sie liegt etwa zweieinhalb Meilen vor der Küste und hat eine Wassertiefe von nur drei Meter.

~

Vor der Küste von Fischland und Darss zeugen 63 Schiffswracks von der Gefährlichkeit der Gewässer. Für nach Osten fahrende Schiffe taucht die Küste plötzlich als ein von Nordost nach Südwest verlaufendes Hindernis auf. Noch im Herbst 1995 strandete ein Fischtrawler, der Autos vom schleswig-holsteinischen Hafen Neustadt nach Russland transportierte.

EIN NAMENLOSER SCHONER
DIE ODYSSEE EINES IM EIS EINGESCHLOSSENEN SEGLERS
1809

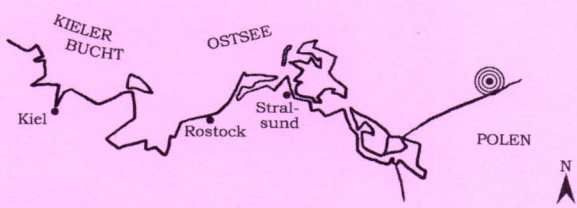

Der Wachtposten auf Fort Münde vor der pommerschen Stadt Kolberg, die heute Kolobrzeg heißt, musste genau hinschauen, wollte er erkennen, was sich dort draußen auf See abspielte. Der Winter war in diesem Jahr 1809 sehr kalt und noch am 10. März trieben dichte Eisschollen vor der pommerschen Küste. Sie waren so dick, dass sie einen Schoner völlig eingeschlossen hatten, der nun, vom Eis gefangen, langsam von Osten nach Westen driftete.

Der Posten alarmierte die Bürger der Stadt, die sich am Ufer versammelten. Unter ihnen ein unerschrockener Mann – Kapitän Joachim Nettelbeck war auf Handelsschiffen gefahren, hatte am Sklavenhandel teilgenommen und zwei Jahre zuvor seine Heimatstadt Kolberg zusammen mit August Graf Neidhardt von Gneisenau erfolgreich gegen die Truppen Napoleons verteidigt.

Nettelbeck übernahm auch hier die Führung. Da er an Bord des Schoners noch Menschen vermutete, die sich aus ihrer misslichen Lage nicht selbst befreien konnten, versammelte er 18 Kolberger Bürger um sich. Es waren Leute mit Erfahrung auf See: Lotsen,

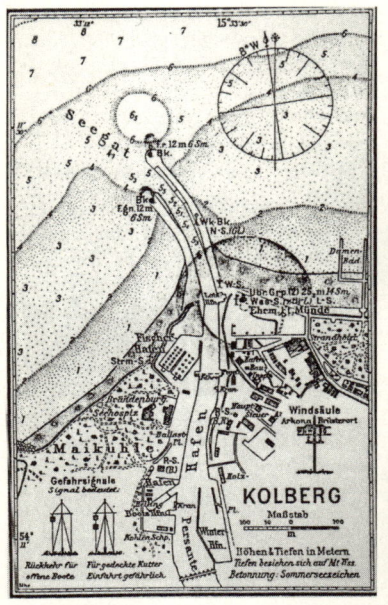

Die Hafeneinfahrt von Kolberg, dem heutigen Kolobrzeg

Fort Münde am Ausgang des Hafens von Kolberg um 1840

Die Ausfahrt des Rettungsbootes vor zahlreichen Schaulustigen

Die Mole in sturmgepeitschter See

Schiffer und Zollbeamte. Sie bemannten mehrere Boote und ruderten zu dem Schiff hinaus, das sie als dänischen Schoner ausmachten.

Die Männer hatten Mühe durch den Eisgang an das Schiff heranzukommen. Sie riefen, sie klopften gegen die Schiffsplanken und enterten schließlich an Bord, fanden jedoch keine Spur von der Besatzung. Nichts gab Aufschluss darüber, was aus ihr geworden war. Auch ein Schiffsname war nicht zu erkennen.

Der Segler saß so fest im Eis, das es unmöglich war, ihn in den Hafen von Kolberg zu bringen. Deshalb nahmen die Männer so viel von der Einrichtung und Ladung des Schoners mit, wie sie und ihre Boote tragen konnten. Dann ruderten sie zurück.

Der herrenlose Segler aber trieb weiter, vor dem Treptower Deep blieb er in einer Eisbarriere hängen. Die Küstenbewohner handelten schnell. Mit Äxten und Sägen kletterten sie über das Eis und brachen das Schiff innerhalb weniger Tage bis zur Wasserlinie ab. Mehr konnten sie nicht herausholen, ohne ihr Leben aufs Spiel zu setzen.

Als das Wetter umschlug, drehte der Wind auf West und trieb das Wrack nach Osten zurück. Bei Stilow im Kreis Stolp blieb es nahe des Strandes wieder zwischen aufgeschichteten Eisschollen hängen. Auch hier waren die Bewohner neugierig, ob das Wrack noch etwas für sie hergeben würde. Sieben Männer kletterten über Eisschollen an Bord. Während sie es noch untersuchten, sprang der Wind um und trieb einen großen Packen Eis, in dem das Wrack mit den sieben Männern eingeschlossen war, wieder hinaus in die offene Ostsee.

17 Tage und Nächte mussten sie auf dem Wrack aushalten, ständig lebten sie in der Gefahr, das Eis könnte auseinander brechen und das weit heruntergebrochene, nicht mehr schwimmfähige Wrack nicht mehr halten. Dann würden sie alle in der See versinken. Sie hatten keine Lebensmittel an Bord und überlebten nur,

weil sie aus dem Holz des Wracks ein Feuer machten. Sonst wären sie alle innerhalb kurzer Zeit an Unterkühlung gestorben. So aber konnten sich sich zumindest Eis als Trinkwasser schmelzen.

Sie trieben bis in die Nähe der dänischen Insel Bornholm, wo dänische Fischer sie entdeckten und in ihre Boote nahmen. Die brachten die sieben Männer nach ihrer abenteuerlichen Fahrt in den Hafen von Rönne, versorgten sie und gaben ihnen ersteinmal etwas zu essen.

Zwei Wochen später fanden die sieben Pommern im Hafen einen dänischen Segler, der Kolberg zum Ziel hatte, und sie mitnahm. Zu Fuß machten sich die Männer dann auf den Heimweg in ihr Heimatdorf, wo man schon jede Hoffnung aufgegeben hatte, sie jemals wiederzusehen.

~

Von der pommerschen Küste sind mehrere Erzählungen von Menschen bekannt, die die Ostsee auf Eisschollen überquerten. So soll bei Hoff im Kreis Greifenberg einmal eine junge Dänin mitsamt ihrer Kuh auf einer Eisscholle angetrieben worden sein. Sie stammte von der Insel Bornholm und wurde im Ort aufgenommen. Ihre Heimat sah sie trotz der Rettung nicht wieder. Sie gefiel einem jungen Mann aus Hoff so gut, dass er sie heiratete. Als Mitgift brachte sie die Kuh mit in die Ehe.

Ein ähnliches Schicksal hatte ein junger schwedischer Fischer, der vor der Küste nach seinen unter dem Eis liegenden Netzen sehen wollte. Während er ein Loch in das dicke Eis hackte, brach eine große Scholle los und nahm ihn mit hinaus auf die offene Ostsee. Am Salesker Strand im Kreis Stolp trieb er ans Ufer. Auch er fuhr nicht nach Schweden zurück, sondern heiratete ein junges Mädchen aus dem Dorf.

MARIDA
DER KAPITÄN VERLOR EIN SCHIFF UND GEWANN EINE FREUNDSCHAFT
1837

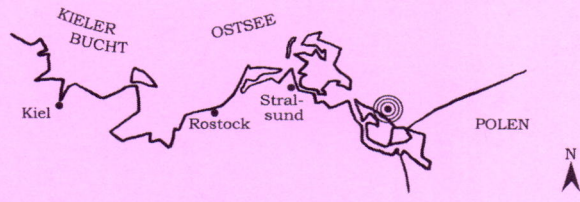

Die erste Reise auf seinem eigenen Schiff stand für Kapitän August Leberecht Hohorst aus Memel unter keinem guten Stern. 1837 hatte er die Bark „Marida" bauen lassen und in den ersten Jahren Kapitänen anvertraut, die in seinem Lohn standen. Erst Mitte 1845 übernahm er selbst die Führung. Im Dezember des Jahres hatte er in Liverpool Salz für Stettin geladen. In der Nordsee musste die Bark einen schweren Sturm aus Nordwest abreiten, dabei wurde die Kombüse, die – wie bei hölzernen Schiffen üblich – in einem extra Deckshaus untergebracht war, mitsamt des Kochs über Bord gewaschen. Wegen des hohen Seegangs konnte man kein Boot aussetzen und der Koch ertrank, obgleich das Haus noch eine Weile auf dem Wasser trieb. Außerdem zerschlugen Sturzseen den Kettenkasten.

Die schwierigen Gewässer von Skagerrak und Kattegat brachte die „Marida" glücklich hinter sich, geriet aber in der Ostsee in den nächsten orkanartigen Sturm dieser Reise. In der Nacht vom 1. auf

Ab 1884 wurde die tückische Untiefe Adlergrund von einem Feuerschiff gesichert

den 2. Januar 1846 lief das Schiff nordöstlich auf dem Adlergrund auf. Da die Bark mit ihrer schweren Salzladung tief abgeladen war, stieß sie mit dem Kiel mehrmals schwer auf Grund und wurde leck.

Kapitän Hohorst stand vor einer schwierigen Entscheidung. Bei dem schweren Nordweststurm konnte er Swinemünde nicht als Nothafen anlaufen, andererseits war das Schiff mit seinem Leck nicht mehr lange auf See zu halten. Schweren Herzens entschloss er sich also, sein Schiff an der pommerschen Küste auf Sand zu setzen, in der Hoffnung, es würde so wenig beschädigt werden, dass man es in den nächsten Tagen wieder flottmachen könnte. Dieser Rettungsversuch war in jener Zeit an flachen Stränden durchaus üblich.

Er fiel also ab und nahm Kurs auf die Küste. Am 2. Januar gegen sieben Uhr morgens lief die „Marida" auf einer Sandbank vor dem Fischerdorf Klein-Dievenow auf. Die Fischer des Dorfes hatten die Strandung beobachtet und sofort zwei Boote klargemacht. Die See ging jedoch so hoch, dass das erste Boot voll Wasser schlug und umkehren musste.

Das zweite Boot erreichte unter großen Anstrengungen der rudernden Fischer das Schiff. Fünf Mann versuchten ins Boot zu springen, dabei stürzte ein Jungmann in die See und und ertrank, noch ehe seine Bordkameraden und die Fischer zugreifen konnten.

Auf der Rückfahrt kenterte das Boot. Dabei ertranken ein Fischer aus Dievenow und ein Matrose der „Marida". An Bord waren jetzt noch Kapitän Hohorst und fünf Mann seiner Besatzung. Doch ein neuer Rettungsversuch mit einem Boot schien unter diesen Umständen unmöglich, die Fischer hatten schon ihr Bestes gegeben.

Inzwischen war Eduard Dumstrey aus dem neun Kilometer entfernten Dorf Hoff an der Strandungsstelle eingetroffen. Er besaß dort ein Rittergut. In Hoff gab es eine Rettungsstation, die ein zu jener Zeit übliches Mörsergeschütz besaß, mit dem Leinen zu einem

Schiff hinübergeschossen werden konnten. Dieses Geschütz hatte Dumstrey auf einem Pferdegespann mitgebracht. Es war in dem Sturm schwierig, das Geschütz zu laden und richtig auszurichten. Mehrere Male donnerte ein Schuss über den Strand und flog eine Kugel mit einer Leine über die See, aber jedesmal verfehlte sie das weit draußen liegende Schiff. Mit Einbruch der Dunkelheit mussten die Männer die Rettungsversuche abbrechen.

Damit waren die Schiffbrüchigen dazu verurteilt, eine lange Januarnacht auf einem Schiff durchzuhalten, dessen erste Trümmerstücke bereits an den Strand gespült wurden. Anfangs fanden die Männer um Kapitän Hohorst noch ein wenig Schutz in der Achterkajüte, als die Brecher aber über das Deck schlugen, flüchteten sie sich in die Masten. Sie hofften, diese würden so lange halten, bis vom Ufer ein neuer Rettungsversuch unternommen werden könnte.

Am 3. Januar versuchten die Fischer erneut, mit einem Fischerboot an die gestrandete „Marida" heranzukommen, aber nach zwei Anläufen gaben sie es auf. Sie hatten keine Chance. Gegen Mittag gelang es Eduard Dumstrey endlich, eine Leine über das Schiff zu schießen. Doch die Mannschaft der Bark war mit einem solchen Rettungsgerät nicht vertraut. Sie befestigte die falsche Leine an einem der Masten. So konnte die Hosenboje nicht zur Rettung hin und her gezogen werden. Die Fischer aber nutzten die Leinenverbindung, um sich mit einem Boot durch die Brandung an ihr entlangzuhangeln und so die verbliebenen fünf Männer am Ufer in Sicherheit zu bringen. Zwar konnten sie ihr Boot so sicherer halten als beim Rudern, aber sie setzten noch immer für die Rettung der Seeleute ihr Leben aufs Spiel. Die Schaulustigen am Ufer klatschten Beifall, nachdem alle Männer endlich am Ufer standen. Im Haus eines Bauern in Lüchenthien wurden sie versorgt.

Kapitän Hohorst war von der Nacht auf dem Schiff völlig erschöpft, Eduard Dumstrey nahm ihn mit auf sein Gut und pflegte ihn gesund. Seine Ehefrau reiste von Memel an, um ihrem Mann beizustehen. Während der folgenden Wochen entwickelte sich zwischen beiden Familien eine außergewöhnlich enge Freundschaft. Sie drückte Kapitän Hohorst damit aus, dass er seiner neuen Bark, die er 1862 in Memel bauen ließ, den Namen „Dumstrey-Hoff" gab.

John August, der Sohn des Ehepaares Hohorst, kam später nach Hoff, um auf dem Hof der Dumstreys Landwirtschaft zu lernen. Dabei verliebte er sich in Maria Elisabeth, die Tochter des Ehepaares Dumstrey, und beide heirateten.

Die Reste der schicksalhaften Strandung waren in Hoff noch lange zu sehen. Im Rettungsschuppen hing die etwa faustgroße Eisenkugel, mit der die rettende Leinenverbindung hergestellt worden war. Daneben lag noch bis 1945 das verzierte Namensschild der „Marida". Die Wrackreste der Bark blieben bis zum Ende des Zweiten Weltkrieges ein bei den pommerschen Lachsfischern bekanntes Unterwasserhindernis.

~

Die tückische Untiefe Adlergrund in der Ostsee mit geringen Wassertiefen hatte ihren Namen, seit dort ein Dampfer mit dem Namen „Adler" aufgelaufen war. Erst 1884 legten die deutschen Seezeichenbehörden an der Untiefe mitten in der Ostsee ein Feuerschiff aus, das den Namen „Adlergrund" trug und warnte. Es wurde am 3. Mai 1945 von einem englischen Flugzeug angegriffen und versenkt. Dabei kamen drei Besatzungsmitglieder ums Leben.

Oberon
Die süsse Ladung zog von weither Kinder an
1852

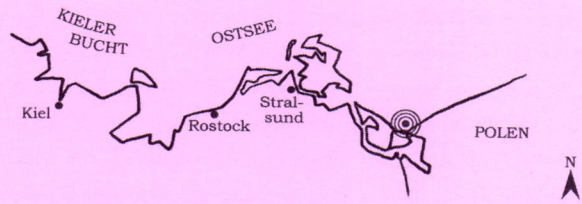

Unter den Kindern an der pommerschen Küste rund um den etwas landeinwärts gelegenen Ort Schleffin in der Nähe von Hoff und Rewahl sprach sich die Nachricht von der Leckerei herum wie ein Lauffeuer. Am Ufer lag säckeweise Zucker. Obgleich die geborgene Ladung bewacht wurde, schlichen die Kinder sich heran und schnitten mit ihren Taschenmessern Löcher in das Leinen, um an die damals noch seltene und begehrte Näscherei zu kommen. Die Säcke voll braunem Rohzucker stammten von der schwedischen Brigg „Oberon" aus Norrköping, die aus Bahia kam und Swinemünde und Stettin als Bestimmungshäfen hatte.

Die Brigg war am 23. September 1852 aus den Nebelschwaden über der Ostsee plötzlich wie ein Geisterschiff aufgetaucht und mit vollen Segeln aufgelaufen. 300 bis 400 Meter vom Ufer entfernt lag sie auf einem Riff fest, der Rumpf war aber noch kaum beschädigt. Die Mannschaft machte ein Boot klar und der Zweite Steuermann ruderte mit einigen Matrosen an Land, um zu fragen, wo man überhaupt gestrandet sei. In dem dichten Nebel auf der Ostsee hatten sie völlig die Orientierung verloren und waren viel zu weit nach Osten vom eigentlichen Kurs abgekommen.

Zunächst handelte die Besatzung nach alten Regeln der Seemannschaft und versuchte, das Schiff mit eigenen Mitteln wieder flott zu bekommen, um keine Bergungsansprüche zu verlieren. Mit einem zweiten Boot brachten sie zur Seeseite einen Anker aus, an dessen Kette sie sich wieder ins tiefe Wasser zurückziehen wollten. Doch bevor der so genannte Warpanker griff, hatten Wind und Seegang zugenommen. Sie warfen die Brigg höher auf das Riff. Der Nebel verzog sich zwar, aber der Nordwestwind nahm weiter zu.

Als die Mannschaft erkannte, dass sie ihr Schiff nicht wieder selbst würde flott bekommen können, sammelte sie ihre persönlichen Habseligkeiten und einige wertvolle Ausrüstungsgegenstände zusammen und ruderte an Land. Nur Kapitän Gren und ein Schiffsjunge blieben noch an Bord.

In den nächsten Tagen bargen die Fischerboote der umliegenden Dörfer so viel von der wertvollen Zuckerladung, wie sie tragen konnten. Säckeweise stapelten sie die geborgene Ladung an Land auf, bis sie abtransportiert wurde. Auch das wertvolle Inventar und Teile der Takelage der Brigg wurden abgenommen und an Land gebracht. Die Fischer holten sich Holzplanken aus dem Rumpf, den Rest des Schiffes zerschlugen die Herbststürme des Jahres 1852.

~

Die Strandung der „Oberon" hat viele Spuren hinterlassen. Zum einen blieb sie wegen der Zuckerladung lange in Erinnerung und wurde zur Legende. Zum anderen war sie Namensgeber für manche Uferstelle. So nannten Fischer die Sandbank, an der die Brigg gescheitert war, das Oberonsriff, während das fünf Meter hohe Ufer dahinter im Volksmund als Oberonskliff benannt wurde. Die Galionsfigur des Schiffes hing noch lange am Giebel eines Hauses im Ort Hort, das man Bergehaus nannte. Diesen Namen erhielt es, weil darin geborgenes Strandgut bis zur Rückgabe an seine Besitzer oder bis zur Versteigerung eingelagert war.

Glossar der seemännischen Fachbegriffe

Achtern/achterlich hinten, von hinten kommend

Anluven Eine Kursänderung nach Luv, also gegen den Wind. Dabei müssen die Schoten, oder auf einem Rahsegler die Brassen, dichter geholt werden

Ablandig Bezeichnung für Winde oder Strömungen, die vom Land kommen und zur See hin gehen. Das Gegenteil bezeichnen Seeleute als auflandig

Back Erhöhter vorderer Teil des Schiffes. Auch der Esstisch für die Mannschaft

Backbord In Fahrtrichtung gesehen die linke Seite des Schiffes

Backbrassen Die Rahen werden mit Hilfe der Brassen so gedreht, dass der Wind von vorn in die Segel fällt und das Schiff „bremst"

Bilge Die tiefste Stelle im Rumpf, an der sich Schwitzwasser und Leckwasser sammeln. Die Bilge muß über Pumpen regelmäßig entleert, gelenzt werden, wie der Seemann sagt

Brassen Leinen an beiden Enden der Rahen, mit denen diese horizontal am Mast bewegt werden können

Brigg Ein zweimastiges Segelschiff mit Rahen an beiden Masten

Bugspriet Eine über den Bug hinausreichende Spiere, an der die Vorstagen befestigt sind

Davit Halterung für Beiboote oder Rettungsboote, mit denen diese bei Bedarf ausgeschwenkt werden können

Fall Leine zum Setzen und Niederholen von Segeln

Galeasse Frachtsegler an den Küsten von Nord- und Ostsee

Geitaue Leinen zum Reffen und Bergen eines Rahsegels

Gordinge Leinen zum Aufholen und Zusammenziehen von Rahsegeln. Geitaue und Gordinge wirken zusammen. Ein Rahsegel wird zunächst mit den Geitauen aufgegeit, bis sie bauchig unter der Rah hängen. Diesen Bauch ziehen dann die Gordinge zusammen, weshalb sie auch Bauchgordinge genannt werden

Gut Stehendes und laufendes (siehe dort)

Heuerbaas Vermittler von Arbeitsplätzen auf Schiffen

Kalfatern Mit einem Kalfateisen wurde geteertes Werg zum Abdichten von Nähten zwischen einzelnen Plankengängen eingeschlagen. Große Öffnungen wurden zusätzlich mit Pech ausgegossen

Klüverbaum Eine weit über das Vorschiff hinausragende Spiere, an der die Vorsegel gefahren werden. Bei Segelschiffen des 19. Jahrhunderts konnte der K. 16 Meter lang sein.

Landfall Das Sichten und Erkennen einer Küste von See aus. Die eindeutige Identifizierung der eigenen Position wird durch deutlich sichtbare Landmarken erleichtert

Laufendes Gut Alles Tauwerk auf einem Segelschiff, das zum Bedienen der Segel benutzt wird. Es hat seinen Namen, weil es durch Blöcke, Scheiben oder Rollen läuft

Lee Dem Wind abgewandte Seite

Logis Mannschaftsunterkunft

Luv Dem Wind zugewandte Seite

Maat In der Marine wurde als Maat jemand bezeichnet, der Gehilfe einer Fachkraft war. Der Erste Maat (auf englischsprachigen Schiffen first mate oder master's mate) und der Zweite Maat waren die Gehilfen des Kapitäns. Heute sagt man dazu Erster und Zweiter Offizier. Es gab aber auch Bootsmanns-, Zimmermanns- und Kochsmaate

Niedergang Eine Treppe vom Deck ins Innere des Schiffes

Rack Ein beweglicher Beschlag am Mast, der die Rah hält

Rahsegel Ein rechteckiges Segel, das an einer Rah genannten Spiere gefahren wird. Eine Rah ist mit einem Rack genannten Beschlag horizontal am Mast befestigt

Schanzkleid Plankengang in Verlängerung der Außenhaut nach oben rings um das Oberdeck. Damit sollen die Menschen an Bord geschützt und das Überkommen von Wasser verhindert werden

Schoner Mit einem Schonersegel getakeltes Segelschiff

Schonersegel Ein im Gegensatz zum Rahsegel nicht an einer Rah, sondern direkt am Mast angeschlagenes Segel. Mit Schonersegeln kann man höher anluven

Schot Leine zum Bedienen von Segeln

Seeschlag Auf das Schiff schlagende schwere Seen, die erhebliche Schäden anrichten können

Speigatten Längliche Öffnungen in der Verschanzung, durch die an Deck geratenes Wasser wieder abfließen kann

Spiere Bezeichnung für Rundhölzer auf einem Schiff, mit Ausnahme der Masten

Stehendes Gut Tauwerk, das zum Befestigen der Masten, Ladebäume und anderer Spieren gehört. Es bleibt bei Segelmanövern stehen

Steuerbord In Fahrtrichtung gesehen die rechte Seite des Schiffes

Stückpforten Verschließbare Öffnungen in der Bordwand, durch die Geschützrohre in einem Gefecht herausgeschoben werden können

Süll Eine senkrechte, bis zu 30 Zentimeter hohe Planke um ein Luk, die Wasser ableitet, damit es nicht in das Luk strömt

Takelage Zusammenfassende Bezeichnung für Masten, Rahen, stehendes Gut, laufendes Gut, also alle Teile, die zum Segeln eines Schiffes notwendig sind

Tidenhub Der mittlere Höhenunterschied zwischen Hochwasser und dem vorausgehenden sowie nachfolgenden Niedrigwasser

Vorstag Leine, die den Mast nach vorn hält

Literatur- und Bildnachweis

Anders/Lubkowitz/Wende Seenotrettung Hamburg, 1990

Jochen Brennecke Strandungen Frankfurt 1996

Walter Bölk Strandungen und Seeunfälle an der pommerschen Küste Hamburg

Fritz Otto Busch Todesfahrt der „Vegesack" Bremen 1979

F.-W. Kunze Horn-Linie Bad Segeberg 2003

Lachs/Zollmann Gegen Sturm und Brandung Rostock 1989

Lächler/Wirz Schiffe der Völker Freiburg 1962

Otto Mielke Katastrophen auf See Bremen 1957

Jan Mordhorst Havarie Hamburg 1999

Jan Mordhorst Retten was zu retten ist Hamburg, 1994

Patriotische Gesellschaft von 1765 e.V. (Hrsg.) Beatles, Hagenbeck und Schopenhauer Hamburg 2002

Hans Georg Prager Retter ohne Ruhm Herford 1978

Joachim Schult Mayday, Yachten in Seenot Bielefeld 1986

K.-H. Schwadtke Moderne Handelsschiffe Hamburg 1954

Werner Timm Schiffe und ihre Schicksale Bielefeld 1976

Joachim Wölfer Cap Arcona, Biographie eines Schiffes Herford 1977

Eigel Wiese Feuerschiffe Königswinter 2000

Eigel Wiese Seenot und Rettung Königswinter 2000

Eigel Wiese Windjammer Königswinter 1999

Eigel Wiese Dampfschiffe Königswinter 2001

Eigel Wiese Männer und Schiffe vor Kap Horn Hamburg 1997

Eigel Wiese Pamir Hamburg 1997

Eigel Wiese Das Elbufer Hamburg 2002

BILDNACHWEIS

Foto Eigel Wiese   4   160 u   176   184 r   222

Sammlung Wiese   36   42   48 o   56   76   86   146   160 o   184   190 u   204   228 u   248

Art-and-steam, Kevin Axt   210

HistorImage   10   14   22   28   48 u   64   140   168   198   228 o   234   242

L&H Verlag   152 ur

Heimatmuseums Vegesack   102

Jan Mordhorst   110

Georg Quedens   116

K.-H. Schwadtke   70   94

Staatsarchiv Hamburg   152

Wrackmuseum Cuxhaven   128

Walter Zeeden   190 o

Der Verlag hat sich bemüht, alle Urheberrechte zu klären. Sollte uns ein Fehler unterlaufen sein, lag das nicht in unserer Absicht, und wir bitten um eine entsprechende Nachricht.

IMPRESSUM

Die Deutsche Bibliothek verzeichnet diese Publikation
in der deutschen Nationalbibliografie; detaillierte bibliografische
Daten sind im Internet unter http://dnb.ddb.de abrufbar.

© 2005 by L&H Verlag GmbH
Barnerstraße 14   D-22765 Hamburg
Fon 040 398 34 290   Fax 040 398 34 299
kontakt@LH-Verlag.de   www.LH-Verlag.de
Alle Rechte vorbehalten,
auch das der fotomechanischen Wiedergabe

Text   Eigel Wiese
Dieses Werk wurde vermittelt durch Aenne Glienke,
Agentur für Autoren und Verlage, www.AenneGlienckeAgentur.de
Redaktion, Typografie, Layout, Satz   L&H Verlag, Hamburg
Umschlaggestaltung   sander köhn wehrmann, Hamburg
Titelfoto   Adalberto Rios Szalay/Sexto Sol, Getty Images
Karten   kontur, Berlin
Druck   Druckhaus Köthen, Köthen

Printed in Germany
ISBN 3-928119-87-7
1. Auflage 2005

Wann immer in unseren Gebieten von Nord- und Ostsee Menschen in Gefahr sind, kommt die Deutsche Gesellschaft zur Rettung Schiffbrüchiger zum Einsatz.

Allein 2003 haben die Seenotretter 2356 Einsatzfahrten durchgeführt und dabei 272 Menschen aus Seenot sowie weitere 647 Personen aus kritischer Gefahr befreit. Seit Gründung des Rettungswerks verdanken 70.907 Schiffbrüchige ihr Leben dem schnellen und selbstlosen Eingreifen der Seenotretter. Allerdings: 45 Rettungsmänner sind in dieser Zeit im Einsatz auf See geblieben.

Die Arbeit des deutschen Seenotrettungsdienstes wird nur durch freiwillige Mitgliedsbeiträge und Spenden aus allen Teilen des Landes finanziert. Die DGzRS, deren Schirmherr der Bundespräsident ist, beansprucht zur Erfüllung ihrer Aufgaben keine Steuergelder. Als „Zeichen für Vertrauen" wurde ihr vom Deutschen Zentralinstitut für soziale Fragen (DZI) in Berlin das Spenden-Siegel verliehen.

Für weitere Fragen:
DGzRS-Zentrale,
Bereich Presse- und Öffentlichkeitsarbeit,
Postfach 10 63 40,
28063 Bremen;
Telefon: 0421/53707-0, Telefax: 0421/53707-690.
e-Mail: info@dgzrs.de
Internet: www.dgzrs.de

Spenden-Konto: Sparkasse Bremen (BLZ 290 501 01) 107 2016

Deutsche Gesellschaft zur Rettung Schiffbrüchiger